新しい時代の授業づくり

池野　正晴　著

はしがき

　「基礎学力，基礎学力」とあまり叫ばれすぎると，教師は，いわゆる「基礎学力の定着」と称して，「できる」行為にだけ目を向け，練習に練習を重ねる指導のみに勤しむこととなる。このような授業にあっては，教科特有のものの見方・考え方や創造的思考力を培うものとはかけ離れるばかりとなり，子どもたちの抱く学習観までをも歪めてしまう結果となってしまう。

　できることならば，「学習は愉しいものであり，仲間みんなで創りあげるものである」というイメージをもたせたいものである。学習する姿勢，学問する姿勢は，このような授業から培われるものと考える。

　しかし，教師が教えて練習・練習で定着を図ろうとする授業（講義）では，学習を，習うもの，教えてもらうもの，真似するもの，意味のない練習で成り立つものとする誤った認識に陥ることとなる。教科特有のものの見方・考え方が核になり，みんなで創り上げていく学習でなければ，真に生きて働く基礎的・基本的事項の理解にはとうていいたらないものと考える。

　教師としての力量形成，特に「授業力」の上達において重要なことは，絶えず自分の授業を見直すことである。

　自分の授業を公開し，他者の視点から検討してもらうことである。お互いに授業を見せ合い，お互いの授業について検討し合うことである。そこには，つねに授業づくりについての学びと発見があるはずである。このことが，「授業を見る眼」を鍛え，「授業力」を高めることになると考える。

　では，「何」を「どのように」見直したらいいのだろうか。何といっても，このことを意識することが肝要である。少なくとも，次の二点は重要である。

> ◇ 授業仮説，指導の構想（自分の主張）は通ったのか

授業づくりの前に，教師は，その構想段階において，

> ○ このような子どもに
> ○ このような働きかけ・支援をすると
> ○ このような思考・学びが促され
> ○ このようなことが分かる・できるようになる

という構造を明確にとらえておく必要がある。

　教師は，これに基づき，実際の授業に取り組む。実際の授業では，そのとおりに実施できることもあるし，また，途中で変更を加えながら実施することもある。

　授業の振り返りにあっては，この授業の事実を事実として考察することである。授業仮説はどうだったのか。変更があった場合には，なぜ変更し，そのことは実際の授業ではどう機能したのか。これらの有効性について，子どもの「学び」の「事実」，授業の「事実」から検討することである。うまくいかなかったところについては，その理由と改善策をできるだけ明らかにしておくことである。

> ◇ 「学び」は成立しているか

　「学びの成立」なくして「授業の成立」はありえない。普段の授業でも，この視点からの振り返りをたいせつにしたいものである。

> ○ どの子どもにあっても，思考を誘発し，学びは成立していたか。

○ 「子ども目線」から見て不自然なところ、意識・思考の途切れていたところはなかったか。
○ すべての子どもが「学習」に参加・参画していたか。

　ややもすると、教師は、知らず識らず「おとな目線」（素人目線）で授業づくりをしてしまう場合がある。目の前の子どもの側に立って考える「子ども目線」を忘れ、授業の計画段階において習得しておくべき前提としての未習事項を分かっているものと勘違いしたり、実際の授業にあっても一部の発言を全体が分かっているものと思い込んだりして「おとな目線」だけで進めてしまうのである。子どもの側からすると、授業の流れに飛躍がありすぎて、どう取り組んでいいのか分からないという事態を招く。
　計画段階において、内容や目標の系統関係をしっかりと分析し、密接に関連する既習事項と未習事項をきちんとふまえ、遅れがちな子どもも参加できるような配慮をしながら「教師目線」（プロ目線）で組み立てる必要がある。

　最近、校内外を対象にした授業研究の時間が削られる傾向にあることは、非常に残念なことである。特に、校内研究にあっては、全員が一丸となって進めるという観点（当事者性や同僚性）からも、全員の教師が授業研究を行い、さらに、できうるならば、一人の教師が複数回実施できることが望ましい。校内研究としては、やってよかったと言えるような授業研究、言われることが苦にならない（前向き思考で快感になる）ような関係、お互いが気軽に参加できる授業研究のあり方を模索したいものである。「ダメ出し」は、自分を飛躍させるものであり、「失敗なくして成長なし」と考えるようにしたいものである。校務分掌の工夫や校内会議の縮減化を行いつつ、授業研究のもち方に工夫が求められるところである。
　このような状況をふまえ、本書では、これからの新しい時代における授業づくりについて考えてみたい。

新しい時代の授業づくり

〔目　次〕
はしがき……………………………………………………………………1

第Ⅰ部　授業づくりの教育学

第1章　「対話」視点導入の意義
　　　　──対話と教授の両極的関係──……………10

　1　「対話」を問題とする視点　　10
　2　ボルノウにおける「問い」と「対話」　　12
　3　対話の意味　　14
　4　教師の課題　　17
　5　対話と教授の両極的構造　　21

第2章　人間モデルにおける学習指導の可能性とそのあり方……………25

　1　教育モデルとは　　25
　2　これまでの教育モデルとその問題点　　27
　3　人間モデルの子ども観と援助モデルの教育観　　35
　4　人間モデルにおける学習指導の可能性と
　　　そのあり方　　37

第3章　少子社会に配慮した教育と授業 59

1　地域社会の変化と家庭教育への影響　59
2　学校教育への影響　62
3　少子化時代における教育のあり方　64

第4章　教育現場における俗説と理念だおれの研究 66

1　教育現場における俗説と阻害要因　66
2　理念だおれの教育実践研究　74
3　教育学と教育実践との不毛な関係　76

第Ⅱ部　新しい時代の授業づくり

第1章　「学んだ力」から「学ぶ力」への転換──今日的な教育課題としての学力とは何か── 80

1　「今日的な教育課題としての学力」の外延的意味　80
2　「基礎学力」としての学ぶ力　81
3　生きて働く「基本的な学力」としての学ぶ力　84
4　どのようにして獲得させるか　87

第2章　子どもの育ちをいかに援助するか──学校教育における病理現象とその克服の道筋── ………………89

 1 学校教育における病理現象 89
 2 子どもの育ちをいかに援助するか 93

第3章　個を生かす指導原理 ……………………107

 1 「個を生かす」とは 107
 2 解法の多様性・妥当性・有効性・自己選択性の原理 108
 3 ゴールフリー・活動の多様化・加点法評価・授業変革の原理 116
 4 個人差重視・指導方法多様化の原理 123

第4章　活動を主体化させる授業改革 ……139

 1 主体的な活動の重要性 139
 2 活動を主体化させる二大要件 139

第5章　「Doする」学習とグループ学習・活動 ………………145

 1 何のための「Doする学習」（活動）か 145
 2 グループ学習・活動の位置づけ 146
 3 総合的な学習にも有効なグループ学習・活動 148

4　グループ学習・活動における配慮事項　　149

第6章　「ドラマづくり」における時間感覚の鍛え方 …………… 151

　　1　質的な充実感を伴った時間感覚を　　151
　　2　四つのステップの繰り返しを　　152
　　3　自分流の展開パターンの確立を　　155

第7章　「授業崩壊」の要因と遠因 ………… 156

　　1　まず第一は教師の力量不足　　156
　　2　教師の力量の問題　　157
　　3　子どもの変容の問題　　159
　　4　家庭教育の問題　　161

第8章　子どもの性格と「助言」の与え方 ……………… 163

　　1　類型論か特性論か　　163
　　2　性格特性からか授業過程からか　　164
　　3　熟慮型か衝動型か　　165
　　4　傷つきやすいタイプか傷つきにくいタイプか　　166
　　5　外向型か内向型か　　167

第Ⅲ部　ある授業の教授学的検討

第1章　「分数のわり算」（6年）の教授学的検討 …… 170

    1　「分数でわること」の意味　　170
    2　対応数直線の扱い方　　181
    3　根拠の確認だけでよいのか　　183
    4　納得を得るための支援活動　　190
    5　説明のつかない解法　　192

第2章　「計算の意味」理解をどう指導するか …… 202

    1　計算の意味とは　　202
    2　意味理解に基づいた演算決定のたいせつさ　　204
    3　計算の意味理解とは　　205
    4　数直線と型で構造を捉えさせる　　207
    5　具体的場面の想起から　　209

第Ⅰ部

授業づくりの教育学

第1章 「対話」視点導入の意義
―― 対話と教授の両極的関係 ――

1 「対話」を問題とする視点

　人間生成とは，自己実現と自己の世界像形成（世界把握）の過程として捉えられる。それに最も奉仕するものとして，「言語」を挙げ，アリストテレスに倣って，人間を「言葉を持つ動物」として特徴づけたのは，O. F. ボルノウ（O. F. Bollnow）であった。人間の生全体の連関における，言語の人間学的意味を，ボルノウは，その著『言語と教育』のなかで解明している。言語によって世界の開示（人間の世界像形成に対する言語の意味）と人間の自己形成（人間の自己生成に対する言葉の意味）という二つの機能が可能となるのである。

　ボルノウにあっては，言語は，具体的な場面においては対話（die Gespräch）であり，対話としてのみ本質的なものなのである。それゆえに，人間は，語り合う存在（homo loquens）である。

　そもそも，目標志向的，かつ事象関連的なものとしての授業には，対話はなじまないものである。本来的な意味での対話とは，閑暇的で完結することのないものであり，しかも計画からはみ出して突発的に熟してくるものである。対話者間に同等の権利意識を要求し，単なる「おしゃべり」の関係を排除する。ここに，教育における難しさがある。教師が，授業ないし教授の成果に責任を負うているのに対して，対話の可能性は不確かすぎるのである。

　しかしながら，人間の生において対話は有意義・不可欠なものである。対話によって初めて，人間は，自己自身になることができる。この意味で，学校に

おける意図的教育は，「へ」（zu）でつながれる「対話への教育」でなければならない。それゆえに，人間への道をめざす授業過程においても，対話は，困難なものとして退けられてはならない。対話への教育とは，真の対話ができる能力と準備へと教育することである。対話しうる能力というのは，人間に無造作に与えられているのではなく，特別な保護と訓練を必要とするものである。

学校教育にあっては，教育の手段として対話を導入するだけではなく，教育の目的・内容としても対話を試み，かつそのような対話的体験を通すなかで対話的構造を教えていかなければならない。対話を試みるとは，今を生きている人間としての子どもに向き合うことでもある。

とはいえ，教師が対話の有意義性のなかに一方的に埋没していたのでは，対話への能力にとっての基礎的なものが忘れ去られ，子どもとの間の対話が不成立に終わってしまい，ひいては教育の全体を見逃すことになりはしないであろうか。学校教育においては，知識・技能の伝達・獲得（教授・学習）ということが基礎的なものとしてなければならない。それに基づき，それに支えられながら，子どもは高まり，自らがより深い真理を求め，創造の道を切り開いてゆくということも可能となるのである。それゆえに，対話と教授の必然的な機能を明らかにし，それらの連関について考察・吟味してみなければならない。

ここでは，まずボルノウの晩年の講演原稿「問いへの教育」（Erziehung zur Frage, 1976年）を手がかりとして，人間を，問う存在（homo quaerens）として見るところから対話の本質を明らかにし，教育を受ける子どもの人間生成の進みゆきにおいて対話はどのような意味を担い，教師は対話成立の前提を学校教育の課題としてどのように引き受けることができるかについて考察してみたい。そして，ボルノウやロッホらの諸論を援用・吟味しながら，その，今ではとかく単なる「話し合い」としてすべてが必ずや成果が現れ解決に至るであろうものと過大評価されがちな対話の意味をしっかりと見据えることによって，教育全体を対話と教授との両極的全体の構造として捉える出発点にしようとするものである。

2 ボルノウにおける「問い」と「対話」

 対話の本質を明らかにするため,まず,ボルノウの,「問う存在としての人間」観について見渡してみる。

 ボルノウは,その講演原稿「問いへの教育」において,人間を,問う存在としてみごとに表現している。人間は,「世界に開いた存在として問うことができ,そして自らの問いに答えることによって自分の世界を拡大することができる」のである。柏原啓一の言葉を借りるならば,まさに,「ホモ・クヮエレーンス（homo quaerens）」である。

 柏原は,ボルノウとは独立にではあるが,西欧思想を拠り所としてこのことをより明確に述べている。柏原によれば,「問いを問う」という態度は,未だ真の存在を実現してはいないという存在者の存在様態,すなわち,アウグスティヌスのいう「善の欠如態」としての人間の本質そのものである。人間は,真理への愛求に燃えてやまないポジティブなものを特性としてもち,人間自身の存在について問いを問い,問いへと自己を開いていくことができる存在であるとも言える。不断に道が道であり続けるような道のゆえに,キエルケゴールに倣って言うならば,人間は,「途上存在」なのである。

 その問いを,ボルノウは,まず二つのタイプに分けてみる。

---

① 情報知への問い（情報知を求める,外延的拡大をめざす問い）
② 内省の問い

 「情報知への問い」は,どうしても知らなくてはならない,「生」の具体的な必要からの問いや知識のための問いである。その問いに対するどのような答えも新たな問いを可能にし,絶え間なく続行される問いとして事象に迫り,知識の体系化をめざすものである。この問いは,これまでの無知を一つの新しい知識によって補うために問う,いわば,「固定した関連枠のなかにただ一つの新

しいデータを組み入れるにすぎない」問いの形態である。ここでは，知識の不確実性が問題なのである。

　これに対して，固定的な関連枠を善しとするのではなく，その関連枠そのものを問題とするのが，第二の問い，つまり「内省の問い」である。この問いによって，この問いのなかで人は，自分自身を振り返ることができるのである。この問いは，人間にとってこれまで自明であったものが疑わしいものになった時に生ずる問いである。ここでは，不確実性に迫られて新たな探究によって確立することができる知識が問題となるのではなく，むしろ一つの意見，一つの確信とか一つの価値認識，ひいてはこれまでの世界理解及び生理解の一断片が人間にとって疑わしいものとなるのである。この，疑わしいものであることが明白となってしまった現存の理解を吟味するためにますます深く問うことによってのみ，本来の意味での疑わしさは，解明されうるのである。

　この，第二に述べた問いのなかに，ボルノウは，問いの真の意味を見出す。すなわち，「人間は，自分の世界を，自分がそのなかに生きている一切の秩序とともに，したがってまた，自己自身を，問いのなかにおく可能性をもっているがゆえに」問う存在なのである。この内省の問いのなかで，人間は，das Man（単なる「ひと」としての日常的な存在）の世界を突破する。ボルノウは，ここにこそ自己自身になる人間の道を見るのである。この道は，それ以外の問いによっては不可能なこととされる。人間は，「自明なこととして受けとってきた様々な束縛から自由となり，それによって自らの生を自分自身で獲得し，自分自身で責任を引き受けた土台の上に基礎づける」のである。

　しかし，これが，自分のなかに留まる限り，独話的（monologisch）で，孤独な省察に留まる限り，そこには限界がある。これでは，省察は，自分自身の思想のなかに閉じこもり，自己を越えてさらに発展するということがない。自らを自分自身の懐疑から連れ出すことのできるような，新しく，創造的なものを見出すことがないのである。

　ボルノウによれば，「不意の，最初は自らをまごつかせるような，他者の異

論,すなわち,『様々な摩擦』において初めて,言葉〔や問い,筆者注〕は点火され,創造的・生産的になりうる」のである。したがって,教師の問いは,子どもの内省を誘発するものでなければならない。

ここに至って,ボルノウが度々挙げる,二人の思索家の命題が思い出される。すなわち,ニーチェの言うごとく「一人はいつでも不正をもつ。がしかし,二人とともに真理は始まる」の命題と,フォイエルバッハの命題「人間と人間との共同が真理と普遍性の第一原理であり,基準である」の二つは,以上のことを端的に示しているのである。ここにおいて,対話の意味はクローズ・アップされてくる。

真の対話の生産性は,「二者が交互的な問いと答え,異論と補完のなかで,生き生きとした対話の過程のなかで生ずるような新たな着想でもって予見しえないような仕方で問題提起を継続し,また深めてゆく」ことのなかにある。この対話が進展するなかで初めて,問われていることがらの疑わしさの全体がはっきりしてくるのである。したがって,問いへと導くものが「対話」でもある。ボルノウの唱える人間学的考察法としての相互循環(Zirkel)によるらせん形の深まりのなかで,対話は進展する。対話において展開される問いは,常に新たな地平を開くものであるがゆえに,理解を一歩一歩と進める深まりには至るが,それは決して終わりに達することはない(非完結性)のである。

3　対話の意味

ここで,今問題としている真の「対話」について,もう少し詳しく述べてみなければならない。

対話とは,一言で言うならば,「人間が人間らしい仕方で言語を使う方法」のことである。対話の究極的な機能は,柏原の言葉を借りるならば,「存在(エッセ)の神秘の内奥(インテル)へと関わる究極的な関心(インテレッセ)を介在させつつ,存在そのもの(esse ipsum)へと超越すること」にある。教授が「認識の真理」に関わるのに対して,対話は「存在の真理」により深く関

わるのである。

　しかも，対話は，温かい友情の雰囲気に支えられたものである。しかしながら，この対話は，とりとめもなく話をして時を過ごし，相手の心の内面に触れるようなことを話題にすることがない「歓談」とは異なる。さらに，事象指向的で，冷静な明晰さないし責任の重大さが支配する「協議」ないし「相談」とも異なるのである。また，論争的な事象を扱い，歩み寄りということもあるものの，他方を犠牲にしてしか一方が得をすることがあり得ない「交渉」や理論的分野での対決場面としての「討論」とも異なる。対話における異論は，決して攻撃ではない。戦いをしかけることではなくて，自分の意見を豊かに富ましめ，一つの共同の事象の，交互に補い合う観点が重要なのである。真の対話においては，根本的にあらかじめ見通され得ない進みゆきを遂げるのである。

　この対話のなかに現れる真理は，両者の共同によって求められた真理であり，慰め，また支えとなる真理である。その究極のものは，また言い表されることなくパートナー相互のなかに生きているものである。

　対話にあっては，対話者は人間をその心底において動かすものを対象とし，それにいつまでも留まらなくてはならない。人間は，全人格をもって問いが投げかける疑わしさに真剣に，また辛抱強く耐え，その深みに迫るのでなければならない。両者の関係は，真剣に遂行されればされるだけ，それだけますます，いずれの側の対話者も他者の方を疑問のなかにおく一つの戦いになる。しかし，この戦いは，共同して真理を求める，いわば「愛しながらの闘い」でもある。対話によって人間は，押し寄せる懐疑に絶望した状態から新たな生動性と生のすがすがしさへの覚醒，すなわち，人間がここで庇護されていると感ずる「存在そのものの真理」へと到達することができるのである。

　ここに，究極の真理が姿を現すのである。対話において初めて，自己の人間性に到達し，自己が充実するのである。自己が充実したとは，一つのある成果にたどり着いた時ではなく，「話す」という活動において自己の内的な可能性が汲み尽くされた時に感ずるものである。

以上のように，人間は，対話における徹底的な問いによってのみ「自己自身になる」ことができるのである。これまでにまだ到達されていない，新しい，よりよい，そしてより豊かな状態の実現を得んとして努力するのである。この意味で，対話は，「人間が到達しうる最高の成就」なのである。

　人間の本質がここにおいてのみ完成されるとすれば，教育ないし学校教育の課題が，人間を対話によって教育することだけではなく，同時に，人間をまず対話へと，本当の対話ができる能力と準備へと教育することとなる。このことによって，現代において人々は，人間らしさを保ち，実現しようとして非人間的なものに立ち向かい，人間らしさを大きな危機から守ることができるのである。

　ここにおいては，真の対話の意義を認めるという視点に基づいて次の三つのことが考えられなければならない。

---

① 対話法による教授
② 対話による自己実現
③ 対話への教育

　第一のものは，教えなければならない教育内容をあえて対話法を通して教授することによって，対話的構造を体験させようとするものである。教育方法として対話的な手法をとり入れ，教育内容を押さえようとするものである。

　二番目の，対話による自己実現とは，真の意味での対話の成立のなかで，今を生きている人間として本来的な自己に目覚めることを経験することである。しかし，この真の意味での対話は，突発的に，しかも，ごくまれにしか成立しないものである。

　したがって，この対話の意義を，意図的・計画的な学校教育の枠内で，つまり，教育課程（カリキュラム）内で考えた場合，最も重要な意味を帯びてくるのが，三番目の「対話への教育」である。しかし，ボルノウにあっては，この

三つのことが明確に区別されているとは言えない。

4　教師の課題

　そこで，対話の能力と心構えとを育てるために学校教育を通じて教師ができることは何であろうか。

　教師のめざすところは，対話者相互に要求される能力の育成であると考える。その能力とは，せんじ詰めて言えば，話せる能力と聞ける能力の二つである。対話者相互に要求されるこれらの能力を対話成立のための能力的前提として考察することにより，教師の課題を導き出すことができるであろう。このことを，ボルノウにしたがって考えてみたい。

　ボルノウは，対話成立のための対話者の能力的前提として，それまでは次の二つに表現していた。

---
① 　話すこと
② 　聞くこと

それをさらにより明瞭な形で表現したものが，次のものである。

---
① 　話者の立場としての「開いた心」
② 　聞き手の立場としての「耳を傾けられること」

　前者の「開いた心」は，心を開き，かく腹蔵なく話すという心の準備を意味する。単純なことのようではあるが，しかし，このことは，実際なかなか容易にできることではない。このためには，ボルノウの述べるところに従えば，次の二つの勇気が要求される。

---
① 　まだ発言にもならないところから探るように言葉を捉えてくる勇気

> （これにより，自己の本質の規定性とそれに誠実に応答することによって獲得される固定性とが可能となる）
> ② 相手が自分の言葉をどのように理解してくれるかも分からないという危険（誤解，拒絶，無視，恥辱等）を冒しても，相手に自らを委ねる勇気，安泰たる自己の断念
> （単なる顧慮としての関わりではなく，ブーバーの言う「個人的存在の垣根」が事実上突き破られる，本質的・全人格的な関わりが問題なのである）

気がかりな問いにまでなり，人がその解明のために努力する事象が人間をその心の最も奥深いところで動かし，人間の実存の核心において人間に触れるものであるがゆえに，人間は自己自身を顕わにするのである。

後者の「耳を傾けられること」は，耳を傾けることができることであり，自分が自己自身の優越性への信仰をあきらめて，相手によって自らを訂正せしめるという覚悟をもって原則的に同等の権利のなかに相手を承認することを意味する。このことは，相手が正しいかも知れないという可能性を自分のなかにおいて認めることであり，自己防御的な権威主義の断念でもある。

これらのことからも当然の帰結として分かるように，両者のことは，ともに大きな自己克服，すなわち自らの日常的生における安全性の要求と妥当性への努力との断念を要求する。このことを，ボルノウは，両前提は，「人間が高度の道徳的努力においてのみ達成しうる人間自身の内的態勢のなかにある」と述べている。対話への心構えは，相互的なものであり，相手と自分とによってともに支えられなければならないものである。

したがって，学校教育の課題は，この，対話の前提となる次の二つのものを育てることと言える。

> ① 自由に発言する勇気

② 他者の意見に耳を傾け，それを根本的に自分のそれと同じ正当性をもっているものとして認める心構え

　どのような反撃を受けても，対話を繰り返し新たに，忍耐強く試み，自分をつつみ隠さずに相手に対する心構えがたいせつなのである。
　ゆえに，この二つの対話能力を育てるために，教師ができて，しかもしなければならないことは，次のことである。

① いつでも対話の用意があるということを自ら示すこと
② 他者を対話に加わらせ，話をするようにしむけ，忍耐強く手をかし，諸々の困難に打ち克つようにしていかなければならないということ

　前者は，次のことを意味する。

① 権威主義の放棄と無条件に自らを問いただす覚悟を身をもって示すことであり，それにより，子どもの「話すこと」と「聞くこと」とを可能にする。
② 自己の実存的な，その場に居合わせている存在を全部消耗しつくしてしまうほどの熱意が必要である。
③ 真剣に問いかけられた問いに対しては，説明や解答をする用意をしている。

　後者の「対話状況へとしむけること」のためには，次のことが必要である。

① 対話の機会を与えることにより，対話ができたという幸福な，自らが高められるような経験をさせてやらねばならない。対話が成立し，何か変化がみられた時には，すばやくそれをキャッチし，一緒になって喜ん

> であげるということも必要である。
> ② 常日頃から何度も対話にひき込むように挑戦し，どの程度の共通理解が得られるかを探っておくこともたいせつなこととなる。したがって，教師は，常に対話の脈絡に眼を配って機会を認め，捉えるようにしなければならない。

　さらに，学校教育の領域においては，ボルノウがその著『教育的雰囲気』（日本語訳『教育を支えるもの』）で詳しく論じたように，教師は，とにかく，子どもである他者を受け入れ，教師自身も子どもによって受け入れられなくてはならない。このためには，教師自身は常に，他者を変化させるように働きかける一切の教育的試みを重ねつつ，しかも，この特定の，身体的に与えられた人間に向かって原則として肯定のja（yes）を言わなければならない。ここにこそ全身全霊をあげての存在確認（ブーバー）が成り立つのである。このことから，交互的な受け入れと受け入れられとが可能となり，これを基盤にして，さらに腹蔵のない信頼が生じ，この信頼関係によって，あらゆる，心の開かれた自己表出と共同の努力で追究される問うこととが可能となるのである。

　しかも，また，子どもと教師との関係においては，本質的に両者における年齢及び成熟度の差という難点が見出される。この差は，双方の間に厳然として存在する。とはいえ，今や共同の努力のなかで腹蔵なく問う対話が生の新たな，より深い基礎づけに到達する唯一の道である限り，あらゆる権威的関係は断念されねばならないのである。ボルノウによれば，両者がともに，実存的な存在として自己の全身全霊をあげて真剣に立ち向かうならば，実存的なるものが生のなかに現れ，一切の身分と年齢の差は事実上消滅し，人間はただ人間として互いに向き合うことになる。このことは，伝承的な，すべての尺度そのものが極めて疑わしいものとなった不確実性の時代とも言われる現代においてとりわけ当てはまるものである。むしろ，年少の人間との関わりにおいて，年長者としての教師自身の方が，その硬直化した頭脳からそれまで自明だと考えられて

いた見方，ひいては自分自身を自分自らの人間存在において問いのなかに立たしめること，自ら問い，問い直すということへと目覚まされるとも言える。ボルノウも，「年長者を常に新しい問いへと連れ戻すものは，年少の人間との交わりである。」と述べているところである。対話の教育や真の対話が求められるのと同時に，学校教育においては，むしろ対話への教育が唱えられなければならないのは，学校教育がこのような困難さのなかにあるからである。

　また，教育者の一員であるはずの保護者や社会の要請によって残余的機能として何でも取り込まされている現代の学校教育にあって，しかもこれで善しということのない教育の営みに携わっている教師の方は，常に忙しさのなかにあり，閑暇という対話の前提から見ても，困難な状況にあると言わなければならない。

5　対話と教授の両極的構造

　対話の機能及びそこから導き出される教育学的課題が明らかとなった今，果たして教育現場に古来から定着している「教授」は，対話のなかに包み込まれうるものであろうかということを考えてみたい。

　ボルノウに教えを受けたロッホは，いみじくも「あらゆる教育的な行為が対話に帰着するわけではない」と言い表している。ボルノウの分類に従えば，対話は「非連続的形式」を代表するものであり，教授は調和的・連続的発展をめざす陶冶である。知識や情報が伝達されるような場合は，「やはりまとまりをつけて教え込むことが適切な処置」なのである。したがって，教授は，極論するならば，一方通行的な独話的思考形式に属するものであるとも言えよう。対話が適切なものとなるのは，授業について言えば，次のような場合である。

① 既に学んだものを思い起こして考え直す場合
② 疑念や，さらにはさし迫った問題が急に現れてくるような場合，すなわち，善悪についての伝統的な捉え方や世の中での正しい振る舞い，受

> け継がれてきた生活秩序の正当性に疑問が生ずるような場合

　そこでは，対話によって本来的自己実現が可能となるのである。
　ボルノウが，その著『言語と教育』で示唆したように，対話と教授は，それぞれ「固有の機能」をもっている。教授においては，ただ一つの単独の対象だけを取り扱うのではなく，ある事物の領域全体の包括的な知識を媒介とすべきであり，また，知識を伝達するだけではなく，技能をも発展させ，洞察を生み出させ，思惟形式と作業態度を形成しなければならない。教師は，授業の成果に対して責任を負うている。教授において，教師は，単純性と明瞭性および統合性を求めての高められた努力のみならず，確かめの問いと教材の練習によって児童・生徒を学習のなかへとますます強く引き込み，さらに自主的な思考と作業へと導かなければならない。
　以上の教授機能を，ロッホは，より細かく分析している。ロッホも，同じく，学校における対話の過大評価に対して教授の復権を唱え，両者を「両極的な対立＝および相関関係」として人間学的に追究している。その文脈のなかで，彼が教授の機能を次の五つにまとめているのが参考になる。

---

① 概念や尺度を提供する機能
② 理解させ，理解できるようにしてやる機能
③ 知識を伝達する機能
④ 道を示し，道を正す機能
⑤ 組織づけ，教化する機能

　このような教授の機能が果たされることによって，また，パートナーの同等の位置（対位性）という対話の前提にも近づくことになるのである。このことは，対話を受け入れ，対話のなかへと入り込んでいけるだけの能力をもっているということを意味する。

しかし，まとまりをつけて教え込まねばならないからといっても，このことは，字義通りではいけないのである。そのまま一方的に教授すること（発達段階との関連も考慮に入れねばならないと考えるが）は，権力的，非人間的な態度に支配されることとなる。現代における人間性を守り，実現するためにも，それは，対話によらなければならないのである。したがって，対話は，ボルノウによれば，「平和への教育」でもある。

　さらに，この教授の側においてもまた，問い，とりわけ教師の問いが大きな意味をもってくる。ここでも，ボルノウ学派の流れをくむ一人，ギールを引き合いに出すのが適切であろう。ギールは，問いの独裁を退けながらも，その機能についての考察で，授業における積極的で意味深い機能を見出している。問いは，「原則的には他のいかなる手段によっても達成されうることのない何かある目的のための手段で」である。そして，「生活経験においても，実践的交わりを通しても，また，直観によっても基礎づけられえない一知識形態，すなわち，『純粋』知というものが存在する」のであり，「この純推知は，原則として単に問うことに対する答えとしてのみ有効であり存立する」と言う。教師の問いは，「知識の発生にではなく，知識を顕現化して絶対的構成にまで高める」のに有効である。特に，子どもが既に十分な情報をもって学校へ入学してくる現代においてはそうである。したがって，教師の問いの機能は，現に在る，「明白な知識をそれが理解されうるように言葉に表す」ということのなかにある。真の理解とその言語化とは，一体的，同値的なことである。

　この，教師の問いの機能を，ギールは，適切にも次の三つにまとめている。

① 　現に在る知識を組織づけられた表現へともたらし，記憶を促進し，強め，児童・生徒を自立させるように導くこと
② 　児童・生徒をアポリアに陥らせ，謎の魅力へと向けることにより，児童・生徒を仮説設定の必要性の前に立たせ，児童・生徒をして自ら目標とされた問いを設定することができるようにさせること

③ 仮説が硬直化し，盲目的となる危険を防ぐために，見出された知識を流動的に保つこと

　これまで述べたように，教育は，どこでも，いつでも，対話と教授という両極的緊張関係のなかにある。あまりに教授の方を強調しすぎると，人間性を損なう危険性に陥る。それは，常に対話によって救われねばならない。また，反面，対話も，基礎的なものを土台としたなかで成立しうる場合が多いということにおいては，教授によるところが大きいのである。このような意味で，教育における，対話と教授の両極的構造の内実を，教師は，より明確に考察し，把握しておかねばならない。

　真の対話よる自己の充実は，個々人のなかに起こるものであり，しかもそれは社会性を育む集団ないし他者を通して可能となるものである。ゆえに，学習の個別化と社会性の育成をめざす学校教育において，一視点として取り上げた「対話」の概念は，その核となる概念でもある。
　しかしながら，真の対話は，計画段階における教育課程のなかには入ってこないものである。人間の共同生活にあっては，他の人々の計算できない意志というものが妨害的に介入してくる。しかし，それが，有意義にもかかわらず，実際に新しいものならば，それは，予見されえず，それゆえにまた計画のなかへ編入されえないのである。
　教師は，計画の枠からはみ出して生じてくる対話的状況に対応する用意をし，それを示すと同時に，対話的能力の育成を「教授」の視点から把握し，その内容を教授しなければならないのである。ここに，真の対話ができる能力と準備へと教育する「対話への教育」を唱えるゆえんがある。

第2章 人間モデルにおける学習指導の可能性とそのあり方

1 教育モデルとは

　教育実践の方向を決定づけるものに，教育観，人間観（子ども観）がある。教育観，人間観により，教育実践の様相は大きく異なってくる。
　教育観，人間観は，端的にはモデル（パラダイム）として示される。
　教育モデルの一つに人間モデルがある。
　村井実の提唱したモデルである。
　村井によれば，これまでのモデルは，粘土モデル，植物モデル，動物モデルであったとする。それらとは異なる，全く新しくモデルが人間モデルである。
　粘土モデルは，性悪説や性白紙説に基づく。植物モデルは，性善説に，動物モデルは，性可能性説ともいうべきものに基づく。
　それに対して，人間モデルでは，当然のごとく，人間を，粘土でも植物でも動物でもなく，それ以上のものと想定し，性向善説という立場を提起する。性向善説は，人間を，善でも悪でもなく，生まれながらにして，「『善くなろう』としている」（学校，p.156）[1]ものであると捉える。
　子どもを人間モデルで見た時，教育とは「善くなろう」とする子どもを「善く」しようとする働きかけである，となる。（入門上，p.177を参照）
　とはいえ，ここには，奇妙な関係が存在する。

　「善さ」あるいは「善くする」とはどういうことであるかと自ら問うと

> き，私たちはだれも，絶対的な確信をもってそれに答えることはできない。それにもかかわらず，私たちは，子どもたちを「善く」する意図をもって，不断に子どもたちに働きかけないではおれない。「善い」人間，「善い」知識，「善い」社会，そうしたもののどれについても，私たちは，確定的な答を与えることはできない。それにもかかわらず，私たちは，子どもたちが「善い」人間であり，「善い」知識をもち，「善い」社会，「善い」生活を営むことを願わないではおれない。それが教育というものなのである。
> （入門下，p.143）

いわゆるパラドックス的な状況が存在するのである。

「善くなろう」とする「善さ」自体は，確定的，固定的なもの，すなわち，「現実」の善い知識，技術，能力等や現実を越えた，高い「理想」として子どもたちの外部に存在するわけではない。

したがって，教育とは，単に固定的な目標を決めて，そこに迫ることではない。人間モデルにあっては，はっきりと固定した目標を必要とはしない。

人間モデルの場合，重要なのは，あくまでも，子ども自身の内部にある「善さ」への働きを発達させることである。「善さ」への働きに目覚めさせ，その働きを自覚的に推進することができるようにすることである。（見直し，pp.13-14を参照）

とはいうものの，子どもたちは，もともと「善くなろう」としているのであり，そのことからすれば，「そのメカニズムに即して学習させればよい」（新教育，p.202）ということになる。かつての「生活・経験学習」をも想起させる言い回しである。

だとすると，現在普通に行われている，文化の伝達のための学習指導，教科指導は，どのように考えたらよいのであろうか。そのような指導は，もはや必要のないものとして切り捨てられるべきものなのであろうか。

ここでは，このような，人間モデルにおける学習指導，教科指導の問題，す

なわち，その可能性及びそのあり方について明らかにしようとするものである。

そのため，先ず人間モデルに関する，村井の著作を手がかりとして，これまでの教育モデルとそこにおける問題点を明らかにし，次にそれらの問題点を克服するものとして提起された，人間モデルの教育の内実について考察する。そして，村井の諸論を援用・吟味しながら，人間モデルにおける学習指導，教科指導の可能性及びそのあり方について考察を加え，人間モデルにおける学習指導理論の構築のための出発点にしようとするものである。

2　これまでの教育モデルとその問題点

人間モデルに基づく教育観を明らかにするために，これまでに見られた教育モデルとそこにおける問題点について概観する。

(1)　手細工モデルの教育観と粘土モデルの子ども観

手細工モデルの教育観は，子どもを粘土に譬え，教育を「粘土をこねて形を造るように，子どもを『善い人』の形に造り上げる」（入門上，p.180）ことであるとする考え方である。善さとしての出来上がりをイメージし，それに向かって子どもを形作っていくことをめざすものである。この教育観は，そもそもは，「粘土をこねて壺を作る」というイメージ，あるいは，「鉱石を溶かして鋤や鍬を作る」というイメージに基づくものである。（入門下，pp.185-186を参照）この意味で，「作る」モデルとも言う。

粘土（あるいは鉱石）モデルの子ども観は，性悪説や性白紙説の考えに基づくものである。この考えに立てば，子どもは，そのままでは，悪くなったり，何も分からないままになってしまう。したがって，教育によって善くしてやらなければならないとするものである。

手細工モデルの説明図として示されているものに，次の，図1（入門上，p.182，及び，下，p.190）や図2（著作5，p.156）がある。

手細工モデルの教育観では，図1に合わせて言うならば，「人々は，まず

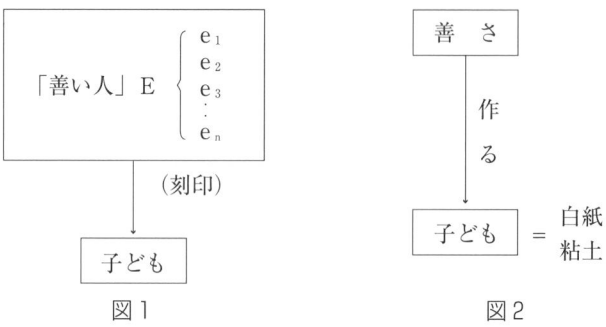

図1　　　　　　　　　　　図2

『善い人』（E）のイメージを掲げ，次いでそれを実現する方法（M）のイメージとして，その『善い人』（E）を子どもに向かって『染め付け』『刻印』『指導』『訓練』『錬成』すること（M_I）をくふう」（入門下，p.190）するのである。

　この考え方を理論づけたものとして，プラトンの「教育＝染め付け」論をしばしば引用している。

　プラトン曰く。「物に色を染め付けるように，私たちは子どもをどういう色に染め付けたいかをまず決め，その染め付けたいと思う色をできるだけ幼い頃からしっかりと染め付けて，将来のいろいろな欲望とか快楽とか苦痛とか，そういう強力な洗剤に出会っても，色がはげ落ちないようにしておく——それが教育の仕事だ」（学校，p.134），と。

　この考えは，現在でも，「可塑性」や「陶冶性」[2]，「しつけ」，「錬成」，「訓練」などの言葉のなかに見られるものである。教育の「教」の部分に相当するところと言える。

　しかし，このモデルだと，粘土はこう作らねばということになり，そのようにならなければ，教育は失敗ということになる。粘土，すなわち，子どもには，陶冶性がないということになる。したがって，無理をしてでも，教育においては，子どもを，あらかじめ掲げられた目標の通りにしようとする。結局，このモデルでは，人々が熱心になればなるほど，子どもに無理を強いるという結果

になり，おかしなことになってしまう。このモデルでいくと，結果・症状優先，暗記中心の授業が横行することにもなる。

(2) 農耕モデルの教育観と植物モデルの子ども観

　これに対して出てきたのが，農耕モデルの教育観である。過去の教育観においては，子どもの自発性や自主性が考慮されず，そこでは教育ではなく，お化けを作っていたのであり，人間を「善く」しようと意図しながら，かえって「悪く」していたとするルソーの批判に基づいて明らかになってきたモデルである。

　農耕モデルの教育観は，子どもを植物に譬え，「お百姓さんが作物を『成らせる』ように，教育も自然に従って子どもを『成らせる』」（学校，pp.141-142）ことであるとする考え方である。子どもは本来「善さ」を持っているのだから，植物を栽培するように，子ども自身の自発性を重んじ，自由な成長を遂げさせることによって，「善い人」（自然人）を実現することをめざすものである。この教育観は，「成らせる」モデルとも言う。[3]

　植物モデルの子ども観は，性善説の考えに基づくものである。子どもには，生まれながらにして「善さ」の芽生えや可能性が潜んでいるのである。したがって，それを引き出すことによって善くしてやらなければならないと考えるものである。

　農耕モデルの説明図として示されているものに，次の，図3（入門上，p.182，及び，下，p.190）や図4（著作5，p.156）がある。

　農耕モデルの教育観では，図3に合わせて言うならば，「人々は，まず子ども自身に『善さ』の萌芽を認め，それを実現する方法（M）のイメージとして，『自発性』，『自由』，『放任』等を重んずること（M_{II}）をくふう」（入門下，p.190）するのである。「『善い人』（E）は，その結果としておのずから生ずる」（入門下，p.190）こととなる。

　村井は，ルソーのこの考えを表す典型的な言葉として，その著『エミール』

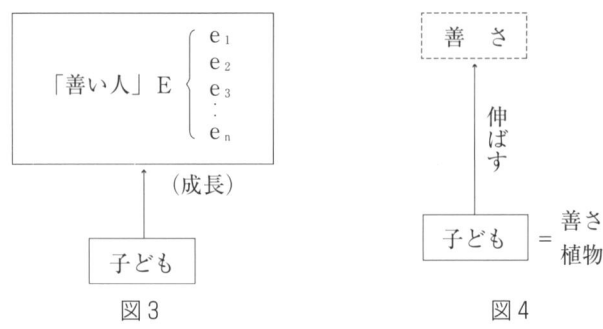

図3　　　　　　　　図4

　冒頭部の言葉，「すべては，神様の手を出た時は善いのだ。それが，人間の手にかかってダメにされていく。」や「世の中の大人や先生たちは，何とお化けが好きなんだろう。みんな寄ってたかって子どもをお化けにしたてようとしている。」を引いている。本当の教育というのは，人間は生まれついて善いのだから，その子どもをそのまま成長させることである。それで子どもは自然人になり，それが理想的な人間なのであるとするのである。ルソーは，「だから諸君は，子どもに何もしないことによって，最高のことをすることになる」という消極教育を主張することとなる。これまでにしてきたことは，みかんの木にりんごをならせよう，なしの木にもりんごをならせようとし，すべての木にりんごの実がならなければいけないと考えてきたようなもので，そうしてできたものは，実はみかんのお化け，なしのお化けでしかないということになる。こうして，子どもたちへの過保護や過干渉を深く反省する風潮が生まれたのである。したがって，みかんの木にはみかんを「成らせる」，りんごの木にはりんごを「成らせる」，なしの木にはなしを「成らせる」。すべて種子のなかに成るべきものが入っていて，自然のままにそう「成る」。だから，教育でも，そう「成る」ようにするのが本当ではないかというのである。

　この考えは，現在でも，児童中心主義の考えや「のびのび，すくすく育てよう」，「子どもの芽生えを大切に」，「教師は生徒の肥やしになれ」などのスローガンのなかに見られるものである。教育の「育」の部分に相当するところと言

える。

　しかし，このモデルでいくと，「作る」モデルの押しつけはなくなるものの，子どもに働きかける教育の余地を理論的に失うことになる。「何もしないことによって最高の教育をすることになる」というおかしなことになるのである。

　この大きな原因を，村井は，「モデルの不適切さ」のなかに見る。(学校, p.143を参照) このモデルに依存して教育をやっていくとすると，たちまち何をやってよいかが分からなくなってしまうからである。

(3) 飼育モデルの教育観と動物モデルの子ども観

　そこで出てきたのが，この第三のモデルである。現在の教育を支配しているとも言える考え方である。

　農耕モデルのように，子どもを成るがままにさせておくわけにはいかないし，かといって手細工モデルのように，一方的でありすぎるのもうまくない。そこで出てきたのが，飼育モデルの教育観である。このモデルでは，子どもを動物に譬える。動物とは，「快さ，あるいは欲望の充足を求めており，またそのために生きる仕方を学んでいる」(再興, p.148)けれども，基本的には「怠け者であって学習を好まない」(再興, p.341)ものである。したがって，飼育モデルの教育観は，子どもを動物に譬え，「一方では子どもに『成らせ』ながら，同時にその『成る』働きを利用しながら思うままに『作る』」(学校, p.145)ものであるとする考え方である。[4]

　シェパードならシェパードを，「番犬」に育てたり，「警察犬」に育てたり，あるいは馬を訓練して「競争馬」に育てるというように，快さを追う動物の習性や自発性を尊重しながら，それをうまく訓練して，知識，習慣，技術を身につけさせようというモデルである。この意味で，「育てる」モデルとも言う。

　このモデルの説明図として，村井は，次の図を使用している（著作5, p.156）。

　子どもの自然の傾向や働きを調べあげ，それを利用して，あらゆる道具や手

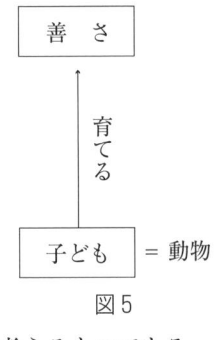

図5

段を駆使して、あらかじめ定められた目標を達成しようとする今日の学校教育は、このモデルに該当すると言える。

動物モデルの子どもの捉え方は、性可能性説ともいうべき考えに基づくものである。子どもにはすべて可能性がある。それ故に、こちらで「善い」と考える可能性に向かって、品質を改良し、大量生産できる、と考えるものである。

しかし、「可能性を伸ばす」とは言え、結局は、子どもの持ち前や自由を大切にしているように見えながら、ここには、性悪説や性白紙説の立場に少しも劣らない、大人や教師の側での「善さ」のきめつけがかくされていると批判する。このモデルによる教育について、「教えない顔をしながら教えようとする、押しつけない顔をしながら押しつけようとする」（著作5，p.332）中途半端な仕事であると断じている。また、この背後には、「やはり子どもたちは自発的に『善く』なりはしないのだ——だから私たちが『善さ』を決めてそれに向かって指導してやるのだという、子どもたちの人間としての本性についての頑固な不信もまた隠しようもなく見てとれる」（学校，p.154）と言う。

これでは、教育はうまくいかず、熱心にやればやるほど、あるいは、一見して教育が盛んになったと見えるようになればなるほど、実際には、それが子どもたちの心や世の中を傷つけ、同時に、教育自体をダメにしていく危険すら生ずることになる。極論するならば、能率において弱い者、ついてこれない者は切り捨ててもかまわないということにもなる。実際、現実の教育現場では、教師のそのような仕打ちに対して、子どもの側からの抵抗や反発、逃避はしばしば見られることである。

もはや、子どもたちを「動物」ではなく、もっと何か「人間」にふさわしいものとして取り扱う、新しいモデルを考えなければならない段階に来ていると言える。

⑷　決められた人間性の問題

　以上の三つのモデルを通して見ると，ある共通していることが言える。

　それは，「善さ」とは何であるかが教育する側に前もって分かっており，それを身につけさせることが教育であると考えていることである。農耕モデルにしても，「人間は生まれついて善いのだから，それを自然に成らせれば，善いものになるのだ」という考え方のなかに，人間にとっての「善さ」が何であるかということを密かに決めてかかっているところがあると言える。「善さ」を決めてかかっているという点では，手細工モデルや飼育モデルと違ってはいないのである。

　手細工モデルや飼育モデルでは，それは教育する側によって規定されるものであり，農耕モデルでは，本性上萌芽として子どもが持っているものであるという違いはあるものの，どちらも，教育の結果として子どもが到達すべき結果像が教育する側によって決定されているという点では違いはない。

　結局は，久しい間，これまでの歴史のなかでは，場所や時代の違いに応じて，自分たちの望ましいと思う性質や徳目をあらかじめ定めておいて，それを「人間性」と呼び，それに合うように子どもを仕立てることを教育と考えてきたのである。手細工モデルから飼育モデルへという発展にもかかわらず，「『善さ』あるいは理想の人間性を決めてかかるという点では，何の発展も見せてはいない」（学校，p.150）と言える。

　これまでの見方の問題として，適切にも，次の三点を提示している（見直し，p.31を参照）。

① 　子どもたちを「善く」しようとするかぎり，「善さ」があらかじめ知られていなければならないという，その考え方には，問題はないのか。
② 　その「善さ」を子どもたちに分からせたり身につけさせたりすることによって子どもたちを「善く」することができるという，その考え方には，問題はないのか。
③ 　そもそも子どもたちというものを，単に外から「善さ」を受け入れなけれ

ばならないだけであって，自分で「善さ」を求めているとか，求める能力を備えているとかとはまったく考えないという，その見方には，決定的な問題がありはしないか。

　これらの問いは，たとえ子どもたちに外部からの「善さ」を身につけることに成功したとしても，本当に人間として「善く」なったと言えるのかどうかということを意味している。熱心な大人たちにとっては有用なものであっても，子どもたちがメッキや染め付けをされる，あるいはそこに向かって飼育される「善さ」というものは，それ自体，「子どもたち自身にとっては，所詮は過ぎた世代による，由来も定かでない，時々の便益の域を出ない，勝手な要求でしかない」（見直し，p.33）ものである。身につけるべき「絶対的な善さ」は存在しないのである。

　教育としてめざすべきところは，「子どもたちがほんとうに『善く』なること，つまり，大人たちの古い『善さ』はもちろんであるが，それ以上に，新しい『善さ』が，新しい世代自身によって，自由に存分に，多種多様に，そして不断に作り出されていく」（見直し，p.33）ことである。

　従来のモデルには，それを妨げる大きな欠陥があったのである。そこには，上述のような，新しい「善さ」を作り出すべき子どもたちの力自体が，「いたずらにメッキや飼育を強いられる間に，いかに傷つき衰えていくか」（見直し，p.33）という，大きな問題が潜んでいるのである。このことを，村井は，「押しつけた『善さ』の比重が増大するのに比例して，自分で『善さ』を作り出すという本来の働きが貧しくなっていく」（著作5，p.300）と言う。現在の，暗記中心の，教えられたことが症状として身についているかどうかが重視される受験体制のなかで，勉学の意欲や創造性を失った燃えつき症候群が問題とされる状況からして，このことは，重大なことであると考える。

　このような教育を，村井は，症状主義の教育と呼び，次のように批判する。（学校，p.117-118）

> 　もし私たちが，善い人間のもつ善さの症状とでも言うべきものを先に決めて，それをあの手この手でとにかく子どもに起こさせて，それで子どもは本当に善くなったと思うならば，そして，あらゆる善さ症状のほんとうの原因，つまり子供の中の「善さキン」[5]とでもいうべきものを活発に育てることを忘れるならば，私たちの仕事はやっぱり藪教育，藪教師，藪学校ということになりますね。〔傍点—村井〕

　村井は，その原因を，これらいずれの教育観にも，子どもは「善くなろうとしている」ものだという認識が欠落しているところに見る。その結果，これらの教育観はすべて，「善い人」のイメージを結果像としてきまりきったものとして捉えてしまう誤謬に陥ることとなったのである。

　以上のことを踏まえて，「善さを求める」人間にふさわしい人間モデルの教育という考えを打ち出すに至るのである。

3　人間モデルの子ども観と援助モデルの教育観

　そこで，村井が提唱したモデルが，人間モデルの子ども観とそれに基づく，援助モデルの教育観である。

　村井は，人間を，生まれながらにして，「善」でも「悪」でもなく，また，「白紙」でも，あるいは，「可能性」といったような中性のエネルギーでもなく，「『善くなろう』としている」（学校，p.156）ものであると捉える。この人間の本性の捉え方を，性向善説[6]と呼び，その拠り所をソクラテスや親鸞のなかに見出している。（学校，pp.157-158）

　「善い」か「悪い」かということは，確かに人間の生活の根本にかかわる大問題である。しかし，その「善し悪し」を決まったもののように考えるところに，人間の誤りが生ずる。そうではなくて，どこまでもどこまでも「善さ」を求め探りながら生きる，それが本当の人間の本性であると考えるものである。

そのかぎり，教育の上で切り捨ててよいものは一人もいないのである。

したがって，子どものモデルを，粘土でも，植物でも，動物でもなく，それ以上のものに求める。その子ども観を，人間モデル[7]と言い，それに見合う教育モデルを援助モデル[8]として提示している。援助モデルにおける教育の考え方を次の図6のように図示する。(入門上，p.191)

前の三つのモデルにおける教育は，ともに，何らかの形で「結果像」に規定されていた。農耕モデルにおいても，自由放任という手段・方法は手細工モデルの刻印という「方法」に対する単純な反発から生じているのであり，「善い人」のイメージが「結果像」として捉えられていることには変わりがないと言える。それらと異なり，このモデルでは，子ども自身がいずれは「善い人」（E，結果像）を自分で作り出すことが期待されている。そして，同時に，親や教師は，「善い人」のイメージを持って子どもに働きかけることが期待されている。しかし，親や教師の「善い人」のイメージは，子どもにとっては，あくまでも自分自身が実現する結果像に至る過程像にすぎないという位置づけである。(入門上，p.192を参照)

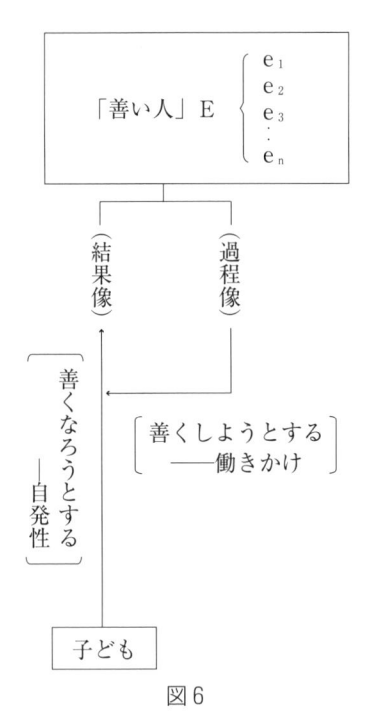

そして，親や教師からのE（過程像）をもってする働きかけと，子ども自身のE（結果像）への自発性との間には，不断の緊張が保たれる。

このことは，手細工モデルや飼育モデルでは結果像の押しつけが避けられえなく，また，農耕モデルでは親や教師の働きかけがありえなかったのとは，大きな違いである。

子どもは，自発性のままに結果像を実現

図6　「善い人」E $\{e_1, e_2, e_3, \ldots, e_n\}$　（結果像）（過程像）　［善くなろうとする自発性］　［善くしようとする働きかけ］　子ども

するのではなく，かといって，外からの働きかけのままに，それに作られるわけでもない。もっぱら，「自分自身の自発性によって，しかも，E（過程像）のイメージによる外からの働きかけを手がかりとしつつ，自分自身のE（結果像）としての『善い人』を実現していく」（入門上，p.192）のである。

「大人が一方的に子どもを作るのでもなく，子どもが勝手に成長するのでもなく，いわば力を合わせて，何が『善い』かを探りながら，それを確認したり，実現への方策を求めたりしていくことになる」（著作5，p.305）のである。

この意味で，村井は，しばしば，教え込む職業教師職ソフィストとの対比においてソクラテスの産婆術の例をひき合いに出している。ソクラテスによれば，「自分は子どもたちが万事につけて『善さ』を求め『善さ』を『想起』するのを助けているのであり，その意味で，教育とは，子どもたち自身にあらゆる知識や技術を正しく産み出させるための『産婆』の仕事に似ている」（見直し，p.14）のである。

4　人間モデルにおける学習指導の可能性とそのあり方

このモデルに基づいて，いざ学校教育における学習指導を考えていこうとする場合，おのずと次のようなことが問題として浮かび上がってくる。

人間モデルにおいて学習指導，特に教科指導の必要性はあるのであろうか。必要があるとすれば，それはどのような姿として描かれるのであろうか。また，それは，これまでの学習指導とはどのように異なり，どのような教科指導が展開されることになるのであろうか。

以下では，人間モデルにおける学習指導，教科指導の可能性とそのあり方について考えてみることとする。

(1)　教科を教え，学ばせる意義

教科を通して学習指導をしていくことについて，どのように考えたらよいのであろうか。

教科学習でまず問題となるのが，文化遺産の継承ということについてどう考えたらよいかということである。

　文化は「善さ」を求める人類の歴史のなかで生み出されてくるものではあるが，それ自体は，決してほんものの，絶対的，究極的な「善さ」と言えるものではない。もともとは，人間がよりよく生きようと問い続けるなかで，相対的，仮設的に設定されたものにすぎないものである。村井によれば，「文化というのは，人間が『善さ』をあこがれ求めるがために，そのあこがれにかなったもの——「善いもの」——として，いわば，かりそめにこの世につくり出したものにすぎ」（再興，p.162）ないのである。

　この意味から，文化を絶対的な「善さ」として教え込むということには問題がある。無理やり押しつけたり注入したりということは極力避けられなければならないことである。

　では，これまでそれを扱っていた学習指導，ひいては，教科指導はどう考えたらよいのであろうか。もはや，学習指導，教科指導の必要性はないのであろうか。

　村井は，「人間がどんな文化にもけっして満足したりしないで，あるいは，どんな文化も絶対だなどと考えることをしないで，さらに『より善いもの』，つまり，人間としての『善さ』への本来の願いにもっとふさわしいものをつくりつづけるようにする——そういう意欲の火を，すべての人間の中に，いつまでも燃やしつづけるようにする」（再興，p.163）ことの必要性を説く。

　続けて，言う。「どんな文化も（略）それらが十分に自分の人間としての願いにふさわしいものかどうかを，自分のもっとも内部にひそむ『善さ』へのあこがれに照らして吟味する」（再興，p.163），文化の吟味という仕事がある，と。

　前者では，学習指導の必要性を，また，後者に至っては，教科指導の必要性を示唆しているものと見ることができる。

　村井は，言う。

人間は「善さ」を求めるというエロス的な人生の過程で「善いもの」としての文化をつくり出さないわけにはいかないのであり，また，そうした歴史のある時点に生まれた人間——子ども——は，その文化を学ぶことによって，実際にエロス的に生きることができる。こうして人間は全体として，どこまでも，いつまでも，「善さ」を求めて生きていく，ということになるのです。

　ところで，このばあい，文化——「善いもの」は，子どもたちによってそのままに学ばれることはできないことに注意しなければなりません。

　文化は，子どもたちには，しばしばあまりに高く，かつ無限でもあります。したがって，子どもたちはまず文化に向かって目を開かされ，手引きされなければならない。（略）

　ここに，教育において，教科というものが準備されることになります。

　算数・国語・理科・社会・芸能など（略）そうしたものが，子どもたちが「善さ」を求め，「善さ」を喜び，その上で，さらに「善さ」を求めて新しい「善いもの」——文化——を創り出しうるための，いわば手がかりとして，準備されることになるのです。私たちが「教える」ということの意味も，子どもたちが「学ぶ」ということの意味も，こうした関係でよく理解されると思います。（再興，pp.173-174）

　子ども自身が「善くなろう」としているのであり，いわば「善さ」を外部に作り出そうとしているのです。しかしそれは，なんの手がかりもなしにできるわけではありません。手がかりなしでは，子どもたちは無駄にもがいたり，焦ったり，迷ったりするだけです。ところが，幸いにも，「善さ」というものは，その子どもと同じく「善く」なろうとして生きた過去の人々，つまり子どもたちの祖先によって作り出され，「善いもの」つま

> り「文化」という形で社会に蓄積されています。そこで，先生は，それを「教材」として利用し，それをもって子どもに働きかけるのです。（新教育, p.156）

> 「善くなろうとしている」子どもたちは，既成の文化とぶつかって，衝突したり再発見したりしながら，その「出会い」の結果として文化を継承していくのです。（新教育, p.186）

人間モデルの構造を踏まえつつ，このことをまとめると，図7のようになる。(9)

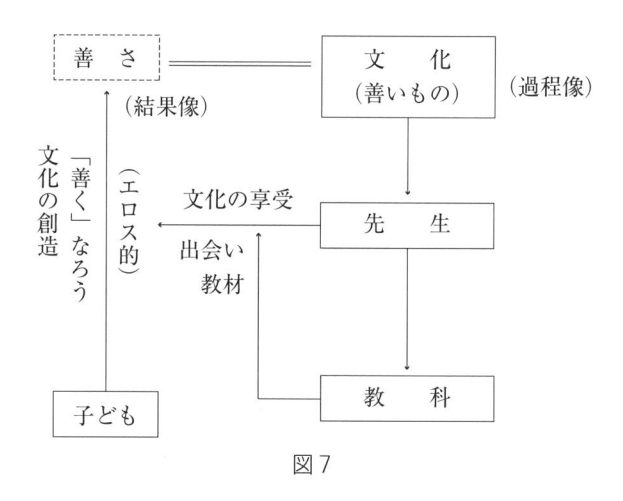

```
        善  さ ═══════ 文  化
         (結果像)      (善いもの)    （過程像）
    文                      │
    化  「           文化の享受  │
    の  善           ──────→ 先  生
    創  く  エ       出会い       │
    造  」  ロ       教材          │
        な  ス                    ↓
        ろ  的                   
        う                      教  科
       子ども ──────────────
                図7
```

(2) 新しい系統学習の必要性

村井は，言う。(新教育, p.185)

> 学校というところは，子どもの「善くなろう」としている構造を確かに把えておいて，あらためて，本格的に，その成長にいちばんふさわしい

> 「文化」を選んだり整えたりして用意し，それに出会わせてやるところだといえるでしょう。それがまさに学校の仕事であり，その意味では当然，それが子どもの発達に応じて系統的に行われなければならないのです。
> 　そう考えれば，新しいモデルによる教育というのは，子どもにとっては，非常に重要な系統学習というべきものでもあるわけです。〔傍点―池野〕

　ここでも，また，文化と出会わせるために，教科学習の必要性が説かれていることが分かる。それだけではなく，ここでは，さらに，その教科学習が単なる「生活・経験学習」ではなく，「系統学習」でなければならないことをも明らかにしている。

　では，その「系統学習」とは，一般に言う「系統学習」と内容上同じものと考えてよいのであろうか。

　一般に言う，従来の意味の系統学習というのは，学習指導要領に基づき，現行に流布している教科書中心の教科学習を意味する。村井の表現を借りるならば，「子どもが出会うべき『文化』を，『善くなろうとする子ども』の構造とかかわりなしに，国家の側のつごうとか，親や教師の一方的な考えで系統づけて押しつけるところ」，つまり，「日本の近代化のつごうで，それに役立つものを『善さ』として系統づけ，子どもたちになんとか効果的にそれを身につけさせよう」（新教育，p.185）というところに特徴をもつものである。

　このような意味での系統学習だとすると，人間モデルの考え方には合わないということになる。

　したがって，これとは異なるものであることが分かる。

> 　教師のやるべき仕事は，真理などを教え込むことではありません。それこそほんとうに子どもの側に立って，「善くなろう」とする子どもの動きに合わせて，「善くなろう」とするにはどう考えたらよいのか，どんな知識が必要なのか，どんな技術を身につけるべきなのかの援助を，子どもた

> ちのためにしていく以外にはあるわけがないのです。〔傍点―村井〕(新教育, p.217)

　従来の系統学習が, 教師の側からの系統学習だとすると, ここでの学習は,「いわば『善くなろう』とする子ども自身にとっての系統学習ともいうべきもの」(新教育, p.185)である。
　このことが, どのような編成原理を意味しているかの具体的な記述, 及び具体例については, 残念ながら見当たらない。あくまでも子どもの側に立って, 教師が独自に編成することが肝要であると考えられる。

(3) 到達目標か手がかり目標か
村井は, 言う。(著作5, pp.194-195―新教育, pp.191-192の修正―)

> 　かりに全員が十点満点に到達したからといって, その子どもたちが,「もうこれでいいんだ」と思ったとしたら, 実はその授業はおしまいです。そういうのは, 授業とはいえますまい。
> 　では, 何がよい授業か。それは, 一時間の授業が行われたことによって, 子どもたちが,「もっと善くありたい」と思うようになるということです。そのばあいは, 分数の加算を理解するとか気体の性質がわかるというような決まった目標からすれば, 十点満点で六点の子どももいるかもしれません。しかし, それでもいいのです。その子どもたちがすべて「もっと善くなりたい」と思って時間が終わったのでしたら, やはりそれがいい授業なのです。

　ここでは, 全員が到達目標を達成した授業よりも, そうでない授業の方がよしとされている。
　後者の授業をあえてよしとするのは, なぜか。

それは，後者の授業の方が「『善さ』を考えるうえでのすぐれた『手がかり』になっている」（新教育，p.192）からである。前者の例は，旧来のモデルに基づく症状主義の誤りに陥っているものと言える。

　このような意味で，一般に授業の「達成目標」と呼ばれる，固定した目標よりも，むしろ，「手がかり」を得させることを目標とする「手がかり目標」というものを重視しているのである。

　「固定した」ということの意味は，前もって決めておいた，どうしても全員が到達しなければならない内容（症状の記述）があるという意味である。そのような目標は，生産モデルの症状主義的な目標であり，人間モデルにおいては，そのような目標は必要とされないのである。結果像的目標は，無理にその実現を求めるため，かえって子どもを損ねる結果となり，有害であるからである。

　子どもたちの「善さ」を求める働きを一層活発にし，持続するための手段であることが忘れられた時，授業は文化の伝達を目的とするものとなる。この時，子どもたちの「善さ」を求める働きに対する，教師の認識は消え，そこには，それに対する不信の念さえ見られるのである。

　とはいうものの，「授業には目標がなければならない。」（新教育，p.191）と言う。この場合の「授業の目標」というのは，「善くなろうとする人間」という，はっきりとした教育の目標とは異なり，個々の授業における目標のことであると考えられる。

　では，どんな目標が必要なのであろうか。あるいは，手がかり目標とはどういうものと言えばよいのであろうか。

　村井は言う。「『過程像』が教育の目標であって，それ以外の目標，つまり『結果像』はいらない」（著作5，p.201）と。しかし，この記述は，教育の目標についてのことであり，授業の目標についての記述ではない。

　授業の目標にかかわりのある記述としては，他に，次のものがただ一つ挙げられる。（新教育，p.196）

> 　一時間ごとの授業でも，たとえば数学ではどの命題と子どもを「出・会・わ・
> せ・る・」かというふうに，その「出・会・い・」を工夫すればよいのではないでし
> ょうか。〔傍点―池野〕

　このことから，「手がかり目標」は，どのような内容を扱い，それを，「善
く」ありたいという子どもたちの働きを育てるために，どのように扱い，出会
わせるかという方向を構想として持てるようなものであると考えられる。

(4)　教材の位置づけと学習指導要領やカリキュラムとの関係

　以上のことより，教材の位置づけも，明らかになってくる。
　授業で使う教材は，「善く」生きようとする「働き」を育てるために出され
るものである。次の言葉は，このことを裏づけるものである。

> 　子どもたちも，過去に「文化」を作り出した人々と同じ構造をもって成
> 長していくわけですから，「教材」が与えられると，それを自分の養分に
> しながら，自分なりの「善さ」をいずれ実現していくのです。その「善
> さ」は，過去の「文化」と重なり合ってくるかもしれないし，あるいは大
> いにちがったものになるかもしれません。しかし，「文化」というものは，
> 絶えずそういう形で受け継がれ，更新され，発展していくものだと考えな
> ければなりません。（新教育，pp.156-157）

　したがって，当然のことながら，「先生方は，授業にあたっては，『善く』生
きようという子どもの『働き』が育つための『手がかり』として，教材が役立
ったかどうかということを見なければならない」（改革，p.132）のである。
授業評価の観点として重要である。
　つまり，教材は，「あくまでも『善く』生きる『手がかり』とさせるための

ものであり，そこに『到達』させることを目標とするものではない」（改革，p.132）と言える。

「善く」なろうとする子どもの「働き」，すなわち，「善さキンが実際に『手がかり』にしていれば，その授業が終わったときに，もっと『善く』なる『手がかり』はないかと，善さキンのほうからさらに待ちかまえる姿勢がつくられ」（改革，p.133）るのである。

教材は，それを覚えたり，身につけさせたりという，特定のねらいに到達するためのものではなく，「善く」なろうとする子どもの「働き」のたくましさを育てるためのもの，そのための手段なのである。

子どもたちは，「それを手がかりとしながら，自然についても，人間についても，社会についても，文化についても，『善く』わかり，『善く』考え，『善く』解決し，『善く』表現するなどのことがどういうことかを，国語や算数や理科や社会などの時間につぎつぎに学んでいく」（再発見，p.179）こととなるのである。

教材は，子どもたちが一様に「こなす」べきもの，「覚える」べきもの，あるいは「理解」すべきものではなく，「ただ，『善くなろう』とするかぎり『出会う』べきものにすぎ」（新教育，p.219）ない。『出会う』かぎりにおいて，おのずから，『理解』もされ，『こなす』こともでき，『覚える』ことも容易にできるにちがいない」（新教育，p.219）とする。まずは，出会わせることが重要なのである。

教師は，教材により，「文化との出会いの機会を作ることに努力を集中しなければな」（私たち，p.149）らない。子どもたちは，このようにして，「長年の人類の善く生きようとする意欲の蓄積と出会」い，「自分だけでは一生かかってもできない，とんでもなく大きな経験ができる」（私たち，p.149）ことになるのである。

学習指導要領やカリキュラムについての考え方も，教材の位置づけと同様である。上からの注文書，注文表としてではなく，「善くなろう」とする子ども

たちのための「手がかり」を示す手引書，整理表として取り扱われることが，それらを生かすことになると考えるのである。（新教育，p.203，及び pp.205-207，pp.226-228を参照）

(5) 各教科の役割──「善さ」の構造を機能させる──

人間のなかには，「善さ」それ自体は存在せず，「善さ」に向かい，「相互性」（こころやり），「効用性」（こころよさ），「無矛盾性」（こころくばり），「美」（ほどよさ）を頂点としながら，それらの同時的満足をめざす三角錐の構造（図8）だけがあると考える。（新教育，pp.159-166，及び，善さ，p.140を参照）[10]

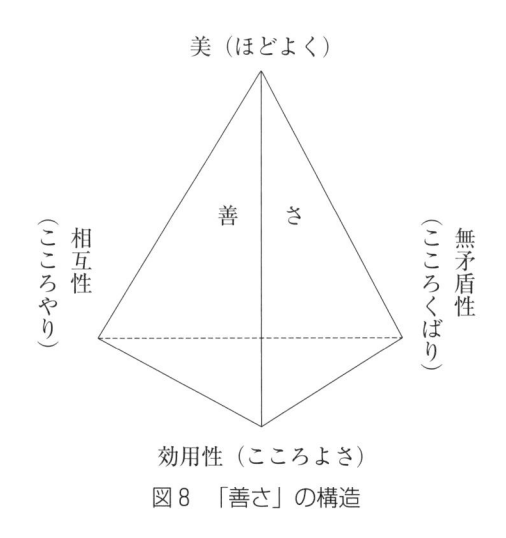

```
                    美（ほどよく）

        相互性                      無矛盾性
     （こころやり）    善 さ      （こころくばり）

                   効用性（こころよさ）
```

図8 「善さ」の構造

したがって，子どもを「善く」する，つまり教育するということは，固定した目標を「善さ」として身につけさせることではなくて，「この構造が活発に働いていくように助けてやること」（新教育，p.167）である。「善さ」を求めるこの構造がうまく働かない状態のとき，「悪さ」というものが出てくるのである。「悪」と「善」とは完全な反対概念ではなく，「悪」は，『『善く』なろう

とする人間の構造的働きの不完全さ，つまり『善』の一種の欠如概念」（新教育, p.168）にすぎない。回復はいつでも可能なものなのである。

　この「善さ」を追う子どもの構造は，単に道徳や生活にかかわるだけではなく，算数，理科，社会，芸能，体育等，学習のすべてにかかわるものである。したがって，各教科の学習も，「善さ」を求める働きとの関係のなかで成立するものであると言える。

　各教科の，子どもの「善さ」の構造とのかかわりを，村井は，どのように考えているのであろうか。

　各教科の授業の組み立てを考える場合，構造とのかかわりを見ようとすることはとても大切な視点である。

　村井の示されたものを表にまとめると，次のようになる。（新教育, pp.170-171を参照）

算数	宇宙のあらゆるものごとの関係について，数のことばを用いて，生きていくうえに役立つように（効用性），矛盾なく考えて（無矛盾性），互いに確かめうるような形で（相互性），バランスある整った（美）把え方を打ち建てていこうとする試み
理科	自然界のあらゆる事物や諸現象について，生きていくうえに役立つように（効用性），矛盾なく考えて（無矛盾性），互いに確かめうるような形で（相互性），バランスある整った（美）把え方を打ち建てていこうとする試み
国語	日常語ということばを用いて，自分や他の人々の感じたことや考えたことや経験したことを，快く（効用性），矛盾なく（無矛盾性），お互いの交流ができるように（相互性），しかもできるだけバランスある形で（美）表現したり理解したりする技術の訓練
社会	「善さ」を求める人間が，「相互性」，「無矛盾性」，「効用性」，「美」の要求を同時的に満足しうるもの——「善いもの」——としてつくり出してきた社会のしくみ，法律，習慣等について，その意味や効果を理解したり吟味したりする試み

芸能	人間がとくに「美」の要求に重みづけしてつくり出してきたさまざまの「善いもの」，つまり音楽，美術，舞踊，演劇等を，自分自身でも同じ要求によって鑑賞したり，同じ要求によってつくり出したりすることの練習
体育	どこまでも「善さ」を求めてあらゆる領域に活動するための基本的な活力を，心身相関的な生物としての子どもたちに養っていくための訓練（筋力や体力をつけるだけの教科とは異なる）

　このように，各教科の授業は，すべて，子ども自身の「善さ」の構造に結びついて行なわれなければならないものである。こうした指導によってはじめて，子どもたちは，自分から「善さ」を実現することができるように育つのであり，その意味でほんとうに「善く」なることができるわけである。（新教育，p.171を参照）

　つねに，各教科毎に示された観点についての充実が図られるように，授業の組み立てを考えていくことが，重要なポイントであると言える。

(6) 授業の三段論法的構成

　では，一時間一時間の授業に関してはどのような指導のあり方が構想されているのであろうか。

　「善さ」の構造の場合は，縦に流れる教科の流れ全体，及び一時間の流れを四つの観点が縦に貫き，それらの観点がバランスよく発揮されるように留意することが重要であった。

　このことに対して，ここでは，一時間，ないしは，ちょうどよいまとまりとしての数時間の縦の流れを，横から切り，分節化してみる見方を問題とすることとする。

　村井は，授業の流れ全体において「原則だけ」に向けられた授業も「情況だけ」に向けられた授業も，ともに不十分であるとして，従来の授業を批判している。前者の場合には，戦前の修身のように，結果として「型」どおりの人間を生み出した。また，後者の場合には，戦後の新教育のように，自分の当面す

る具体的な問題情況に対して自分なりの判断や処理ができない人間を生み出したのである。（再興，pp.215-229を参照）

そして，これからの授業で大事にされなければならないこととして，「実際に当面する情況を，原則につき合わせて考えて，そのときどきに適切な行為を決定（実行）できるかどうかということ」（再興，pp.214-215）を指摘する。どのような学習でも，つねに原則と情況とのつき合わせという，思考の仕方を学ぶことがなければ，人間本来の「善さ」を求める働き（三段論法的構造の働き）は，いっこうに上達しないことになるからである。（再興，pp.214-215）

村井によれば，授業（教育）のねらいは，次のところにあると言う。

○　人間はこのような構造（「善さ」への三段論法の構造）を持っており，生きているかぎり，この構造をずっと展開していくのである。だから，その構造の働きを無限に展開できるように，——子どものときから，子ども自身でそれが展開していけるように——援助すること（再興，p.250）

○　「善くなろう」とするために，原則の知識と情況の知識とを獲得し，その両者の知識のつき合わせをする——その仕方を身につけていく——，すなわち，「実践の三段論法」の構造を働かせていくことができるようにすること（再興，p.234を参照）

端的に言うならば，「善さ」に向かっての「実践の三段論法」的構造を働かせることのできる子どもを育てることである。

「実践の三段論法」とは，「善さ」を求める人間の行動についての，その求め方の構造である。（再興，p.178を参照）

「善くなろう」とする本来の働きとして，三段論法的構造の枠組みを次のように示している。（再興，p.180）

```
大前提＝原　　　則
小前提＝情　　　況
結　論＝行為の決定
```

大前提と小前提の二つをつき合わせることにより，新しい結論（行為の決定）を導くことができるとするものである。

実際の授業では，結論の部分として，行為の決定を通して新しく原則として打ち出されてくるものも考えられることから，行為の決定だけでなく，「新たに発見された原則」をも結論の部分に含めてもよいものと考える。

以上の三段論法的な構造は，同時に，授業の構成・進め方の大枠を示していると見ることもできる。授業の縦の流れを横から切り，分節化してみることを可能にする見方である。

以上のことと授業の特性とを重ね合わせてみると，授業を組み立てる際に特に考慮されるべき観点が見えてくる。次の五つである。

① 原則の知識の獲得・選択・想起のさせ方
② 情況の知識の獲得のさせ方
③ 両者の知識のつき合わせ方
④ 行為の決定，新たな原則の導き方
⑤ それらの発展のさせ方

授業として組織するためには，少なくともこれら五つのことが事前に考慮されなければならないと考える。

数学と理科の例がある。（再興，pp.182-183）

ここでは，数学の例について検討してみる。

村井は，言う。（再興，pp.182-183）

> たとえば数学でいうと，今「問題」が与えられたとする。これは「情況」です。ところが，この「問題」を解くためには，前に学習し，習得している定理・公理，あるいは，その種の問題の考え方・解き方といった大前提，すなわち「原則」を頭に思い浮かべます。そして，この与えられた「情況」（問題）を，すでに習得している定理なり，公理なり，解き方なりの「原則」に照らし合わせて，あの定理とこの問題とどういう関係がある

か，前に学習した解き方（原則）とこの問題（情況）とは，どんなところが似ており，どんなところがちがうかを考えます。そしてそのうえで，あのときはこういう補助線を引いたが，この問題はこう補助線を引いてみよう……と決定を行います。こうして，補助線を一つ引くにしても，定理や公理，すなわち原則と，与えられた問題，すなわち情況とをつき合わせて，私たちはそれを「善し」として決定していくわけです。

ここでの記述を段階にそって整理してみると，次のようになる。

ア　問題が与えられる。（「情況」）
イ　この問題に関連する，前に学習し，習得している定理・公理，あるいは，その種の問題の考え方・解き方といった大前提（「原則」）を思い浮かべる。
ウ　この問題を，思い浮かべた定理・公理ないしは解き方に照らし合わせ，その定理・公理・解き方とこの問題とどういう関係があるか，前に学習した解き方（原則）とこの問題（情況）とは，どんなところが似ており，どんなところがちがうかを考える。
エ　あのときはこういう補助線を引いたが，この問題はこう補助線を引いてみよう……と「決定」を行う。

アとイの順序は違うものの，①から④までの内容に対応したものが網羅されている。例ではここまでの記述である。しかし，子どもの思考の必然として，それに続く活動として，次のことが予想されてもよいものと考える。

オ　この問題の解決を図る。
カ　できれば，数値や単位などを変えた類似の問題についても同じ解き方でできるかどうかについて考える。

> キ　ここでの解き方・結論・成果を、「新しい発見・原則、より一般的な原則」として確立する。

　そして、このような三段論法的なプロセスは、さらに、次の段階へと連続的、ないしは断続的に発展していくものと考える。[11]

　発展の方向としては、大きく分けて、次の二つの方向が考えられる。
① 　前向き的な発展——そこでの結論を原則として、次の新たな情況との対応により、新たな発展を見る場合
② 　後ろ向き的な発展——そこでの原則の生まれるに至った前段階の三段論法の構造に立ち返る追究をする場合（原則そのものを問題とする）

　村井が述べているのは、②の方向についてのみであるが、①の発展も当然射程のなかにあり、普通には、このような進み行きがほとんどであると考える。

　より広い視野から見るならば、それらの授業・学習は、図9のように層的に発展していくものと考える。（再興、p.241を参照）[12]

　ここまで見てくると、先の、考慮されるべき五つの観点と見事に呼応していることが分かる。この意味で、教師の側からの積極的な働きかけも認められているものと考える。

　この三段論法的構造の枠組みを念頭においた授業構成により、無限にある知識（情報）のなかで、「原則と情況とを適切・的確につき合わせて『善さ』を決定する情報処理能力」をも鍛えることになると言う。情報処理能力というのは、無限の情報のなかから好都合なものを勝手に選び出すというような、コンピュータまがいの単純な能力のことではない。また、「ものごとを見つめ、調べ、考えていくという探究のプロセス」を自ら歩むことのできる力をつけることでもあると考えているのである。（再興、pp.260-261を参照）

　探究の過程を大事にするということについては、次の言葉も大変示唆的である。（新教育、p.215）

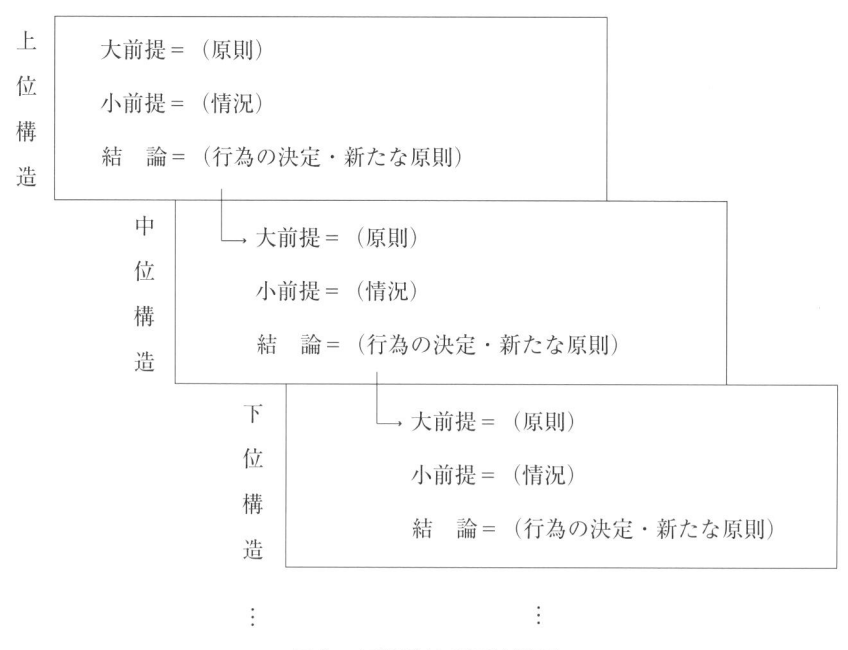

```
上位構造  ┌─────────────────────────────┐
         │ 大前提 =（原則）              │
         │ 小前提 =（情況）              │
         │ 結 論 =（行為の決定・新たな原則）│
         └─────────────────────────────┘
   中位構造  ┌─────────────────────────────┐
           │ ↳ 大前提 =（原則）            │
           │   小前提 =（情況）            │
           │   結 論 =（行為の決定・新たな原則）│
           └─────────────────────────────┘
     下位構造  ┌─────────────────────────────┐
             │ ↳ 大前提 =（原則）            │
             │   小前提 =（情況）            │
             │   結 論 =（行為の決定・新たな原則）│
             └─────────────────────────────┘
```

図9　三段論法の層的発展

　「正解」を機械的に覚えさせたのでは，子どもたちの「善さ」の探究の論理が生かされる余地がありません。授業の組み立て方によっては，子どもたちは昔の一流の科学者並みの推理を働かすのです。先生方には，子どもが本来そういう力をもっていることを信頼し，そういう発言や擬人化的思考を受けとめうるだけの準備がなければならないと思うのです。

　これまでの授業では，「既成の学問的な成果を，人々が『善くなろう』として苦労した，しかも時にはしばしば滑稽だったり，涙ぐましかったりするプロセスをぬきにして，しかつめらしく教え込まれ，覚えさせられ」（新教育，p.213）ることが多すぎたのである。
　このような探究の過程が大事にされ，その過程を共に歩むことにより，子ど

もたちは，既成の文化を，自分の「善くなろうとする」要求とぶっつけ合わせ，照らし合わせて「善く」なっていくことができるようになるのである。

したがって，この探究の過程は，「ぶっつけ合わせ」，「照らし合わせ」のための十分な機会を与えることにもなるものと言える。(新教育，p.209を参照)

村井が挙げている算数の例は，このことを示している。

> たとえば「1 + 1 = 2」という簡単な数式の学習のばあいを考えてみましょう。そのばあいにしても，子どもは，そう考えるのがなぜ具合がいいか，なぜそういう表現が「善い」のかを，自分の「善くなろう」とする要求とつき合わせてみなければなりません。これは，機械的に「1 + 1 = 2」を覚えさせられるのとは，たいへん違っています。つまり，子どもたちはそういう論理的な作業を通して，自分の「善さ」をつくり上げていくのです。(新教育，p.209)

したがって，次のような問題について指摘していることも頷けることである。

> 子どもにとって考えようもないことをやたらに考えさせようとしたり，そうかと思うと，当然考えなければならなかったり，考えたがったりしていることについて，先生が一つの結論や正解をあらかじめもっていて，それを子どもたちに押しつけていくばあいが多すぎます。(新教育，p.210)

教育内容によって，教え込む場合と徹底的に考えさせる場合とがあることを認め，それらを区別することの重要性について述べているものである。

授業の三段論法的構成は，後者の授業において，大いに力を発揮するものと考える。このような授業構成の仕方は，授業過程の問題解決的構成の方向にくみするものであると考える。そして，それは，内容を理解・定着させることを第一義に求めるためにではなく，あくまでも「善さ」の構造を働かせるために

大事にされなければならないことを教師の側では銘記しておかなければならないものと考える。

【註】
（1） この章で引用ないし参照する，村井の著作については，略号で該当箇所にページ数とともに明示することとする。なお，略号は次の通りとする。
　① 再　　興──『教育の再興』，講談社，1975年
　② 入　　門──『教育学入門』（上・下），講談社，1976年
　③ 新教育──『新・教育学のすすめ』，小学館，1978年
　④ 善　　さ──『「善さ」の構造』，講談社，1978年
　⑤ 私たち──『教育を私たちの手に』，あすなろ書房，1979年
　⑥ 学　　校──『教育する学校』，玉川大学出版部，1982年
　⑦ 再発見──『子どもの再発見』，小学館，1982年
　⑧ 改　　革──『教育改革の思想』，国土社，1987年
　⑨ 著作5──『村井実著作集5・新・教育学のすすめ・子どもの再発見』，小学館，1988年（③と⑦を所収）
　⑩ 見直し──『教育からの見直し──政治・経済・法制・進化論──』，東洋館出版社，1992年
　なお，①は『村井実著作集』全八巻の第2巻にも所収。同様に，②は第1巻に，③と⑦は第5巻，すなわち⑨に，④は第3巻に所収。
（2） 陶は，粘土をこねて壺を作ることを意味し，冶は，鉄を溶かして鋤や鍬を作ることを意味する。（学校，p.134）
（3） これら二つの，手細工モデルと農耕モデルの分類までは，既にT. リットの „Führen oder Wachsenlassen"(1927年）や O. F. ボルノウの „Existenzphilosophie und Pädagogik"（1959年）においてなされているものと同じと言える。O. F. ボルノウは，伝統的な教育観を，手細工人の仕事との類比に由来する「作る」(Machen)教育と，植物の有機的な成長との類比に由来する「成長にゆだねる」(Wachsen-lassen)教育とに分けて論じている。（ボルノウ著・峰島旭雄訳『実存哲学と教育学』，理想社，1966年，pp.20-22，及びボルノウ著・浜田正秀訳『人間学的に見た教育学』，玉川大学出版部，1969年，pp.67-68を参照）
（4） このモデルは，近代国家及び近代学校組織の出現の時期に，「成らせる」モデルのアンチテーゼとして出てきたものであり，また，「作る」モデルを大がかり

にしたものということで，大量生産をモデルとした「生産モデルの教育観・材料モデルの子ども観」ということもある。材料モデルの子ども観は，心理学など科学の発達によりブラック・ボックスとしての子どもの内部の研究が進み，動物を使っての，パブロフの条件反射やスキナーのオペラント条件づけの研究などと結びつくことによって，より明確に動物モデルの子ども観として登場してくることになったのである。（再興，pp.84-111を参照）

（5）　子どもたちの内部にある，「善さ」を求める働きを，別の言葉で「善さキン（菌）」と呼ぶ。この言葉は，発熱，頭痛，鼻水，咳，悪寒などの風邪症状を引き起こさせる本当の原因が「風邪のヴィールス（ウイルス）」，すなわち「風邪キン」とでもいう，一種のバイ菌にあるのと同様に，人間の「善さ」症状を生み出す原因が人間内部の「善さキン」にあるとする考え方から出たものである。仮にりっぱな風邪引きが善い人であるとする国があり，健康な患者を風邪引きにする場合，風邪キンに着目することなく，風邪を引かせるために風邪症状だけを直接的に出そうとする医者は藪医者であると言うことになる。このことからの類推で，「善さキン」の言葉を用い，そのキンを活発にさせることを考えずに，ただ表面上だけで「善さ」症状，すなわち，決められた人間性のみを引き起こそうとするところに，教育のヤブ（藪）性があることを見ているのである。（新教育，pp.26-47，及び，私たち，pp.76-82を参照）

　　この「善さキン」を忘れたヤブ教育が，進めば進むだけ，「どれだけこの逞しいはずの善さキンの働きの衰えを惹き起こすか，そしてまた，その善さキンをとんでもない方向に暴走させる結果になるかを，深く恐れないではおれません。」（新教育，p.47）とまで言わしめている。

（6）　焦ったりもがいたりしながら「善さ」を求めている子どもたちに，同じ経験をもった大人が同情して援助するということから，「性同説」または「兼愛説」とも呼んでいる。（新教育，p.104）

（7）　人間（あるいは，子ども）を自然科学的に説明しようとすると，どうしてもそれよりもより下等なものによって説明せざるを得ないものとなる。そのことを，佐伯胖は，自然科学の一種の宿命として，「『AをBによって説明する』場合，Bのもつ属性は，どうしても必然的にAのもつ属性よりも単純なもの，より『下等な』もの，より『機械的』なものにならざるをえない」と言う。そして，「教育においては，『AをBでないものとして説明する』とか，『AをB以上のものとして説明する』」（佐伯胖著『学びの構造』，東洋館出版社，1975年，pp.171-172）のである，と述べる。この意味で，人間モデルは，これまでの見

方とは異なり，人間は人間であり，粘土以上，植物以上，動物以上のものと見ようとするモデルであると言える。

　このような見方を，村井は，従来の生物学に対する，教育学の側からの大胆不敵な挑戦であり，それは生物をこれまでとは逆に，「人間的教育の次元に引き上げたところから見る」ことであるとも述べている。(見直し，p.148を参照)

(8)　連れ立って歩む人生の旅をイメージに描いて，「共生モデル」または「同行モデル」とも呼んでいる。(著作5，pp.386-387)

(9)　村井による図(新教育，p.155の図)に，「エロス的」，「文化の享受」，「文化の創造」，「過程像」，「結果像」，「出会い」，「善いもの」，「教材」の言葉を書き加えたものである。

(10)　相互性は人間の相互関係の要求，効用性は生きる上での効用(「快」)への要求，無矛盾性はすべてに矛盾が起こってはならないという要求のことであり，それら三つをバランスよく調整するのが美の要求である。美の要求については，「ほどよさ」，「最大ではない最適」，「バランス」，「調和」，「妥当性」などの言葉で説明している。人間のなかには，この四つを頂点とする三角錐の構造があり，その構造は四つの要求を同時に満足させようとして働いていると考える。これを，「善さ」を求める人間の人間モデルの構造と呼ぶ。(新教育，pp.161-164を参照)

(11)　理科の自然現象を見る場合の例では，次のような段階にまとめられる。(再興，p.183)

---

① 「これこれの現象はこのように見るものである」という大前提。(「原則」)

② 子どもは，ある現象に当面する。(子どもの目には，混沌とした「情況」として映る)

③ 子どもの知っている「原則」と，この目の前の「情況」とをつき合わせて見て，「ははあ，こういうからくりになっているのだな」と，ある「原則」にかなったとらえ方を「善し」として決定する。

④ こうして，現象について，一般に真理とされていることがらや，新しい説明の仕方を発見する。

---

(12)　村井の説明では，次図のような，原則の出てきた，さらなる前提の構造へと遡る例についてしか述べられていない。(後ろ向き的な発展―次図で言うと，下

の層から上の層への展開）それとは方向が逆の，前向き的な発展についても，構造は同様なものと考える。（下図は，再興，p.236より引用）

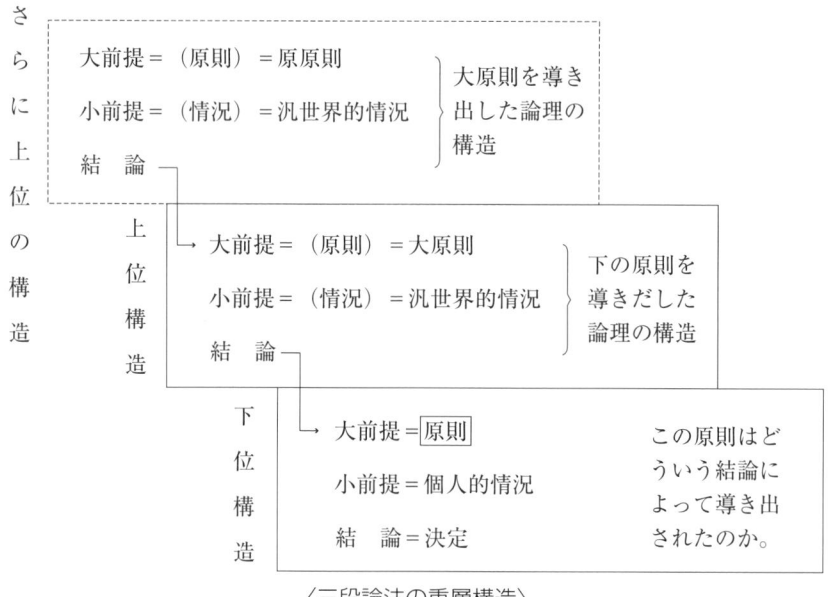

```
さらに上位の構造
┌─────────────────────────────────┐
│ 大前提＝（原則）＝原原則        ┐                │
│ 小前提＝（情況）＝汎世界的情況  ├ 大原則を導き   │
│                                 │  出した論理の  │
│ 結　論─┐                       ┘  構造          │
└────────┼────────────────────────┘
         │   ┌─────────────────────────────────┐
         │   │ 上 │                             │
         └──→│ 位 │ 大前提＝（原則）＝大原則   ┐              │
             │ 構 │ 小前提＝（情況）＝汎世界的情況 ├ 下の原則を │
             │ 造 │                             │  導きだした │
             │    │ 結　論─┐                   ┘  論理の構造 │
             └────┼────────┼─────────────────────┘
                  │        │  ┌─────────────────────────────┐
                  │   下   └─→│ 大前提＝│原則│              │
                  │   位       │                  ┐          │
                  │   構       │ 小前提＝個人的情況├ この原則はど│
                  │   造       │                  │ ういう結論に│
                  │            │ 結　論＝決定     │ よって導き出│
                  │            │                  ┘ されたのか。│
                  └────────────┴─────────────────────────────┘
```

〈三段論法の重層構造〉

　上図の，遡る構造にしても，重層的な構造は，実際には，単純な三段階だけではなく，「もっと細かに分ければ何段階にも分けることの可能な，複雑な重層構造」（再興，p.241）を成していると考えられる。

第3章　少子社会に配慮した教育と授業

　我が国における少子化の流れは留まるところを知らず，しかもその勢いは急激である。

　少子化，少子社会は，さまざまな面に影響をもたらす。

　ここでは，教育面に限定して，この少子化が地域・家庭教育並びに学校教育に及ぼす影響について見てみたい。

1　地域社会の変化と家庭教育への影響

2　学校教育への影響

3　少子化時代における教育のあり方

1　地域社会の変化と家庭教育への影響

(1)　希薄化するかかわりと自立への契機の消失

　少子社会は近所に子どもがいなくなる社会である。兄弟姉妹や友だちが少ない，またはいないという現象が生ずる。

　このことは，兄弟姉妹や友だちとの遊びやふざけ合いだけでなく，兄弟や友だちを通しての異年齢の子ども（兄弟姉妹の友だち，友だちの兄弟姉妹）との接触などもなくなる。また，子どもたちがいても，塾通いに忙しいとなると，なおさら集団での外遊びの経験も少なくなる。

　子どもは，近所の仲間を失い，学校でしか友だちと遊べなくなる。大人の目

を逃れて，子ども同士で冒険をしたり集団で遊んだり，また時にはけんかやいざこざがあったりということを通して，子どもと子どもとが学び合い，教え合い，育ち合うという関係・世界が縮小・消失し，自立の契機を失う。当然，自然とのかかわり合いも少なくなる。人間及び自然とのかかわりの希薄化である。

　成長の過程において，「他者」が介入することなく，人の世話をしたり，互いに協力し合いながら問題を解決したりという経験そのものが欠けているために，「他者との関係」のなかで生きていくことやコミュニケーションが苦手になり，何事につけ，受動的で，人の指示なしでは動けない指示待ち人間をつくり上げることになってしまう。

(2) 兄弟姉妹関係の喪失

　兄弟姉妹関係は，青年期を過ぎるまで，性格形成や社会性の発達（社会化）に大きな影響を与えている。

　きょうだいげんかを通しての，競争，奪い合い，いじめ，いやがらせ，からかい，悪口，嫉妬，分配などの経験は，相手の気持ちを推測し，相手の立場を考慮する能力を育む。

　これらの経験は，他人との間に良好な関係をつくるための学習でもある。このような，痛みの分かる人間関係を喪失することは，いじめの増大にもつながる。

(3) 過保護・過干渉（オーバーコミットメント）の問題

　親の方も，何でも子どもの気持ちを先回りして察してやり，過度の保護・干渉をするようになる。親による子どもへの甘やかし，迎合，おもねりにも陥りがちとなる。

　子どもは，つねに過保護，過干渉のなかにあり，子どもの数が少ないほど，親の愛とエネルギーがすべてそこに注がれるようになる。大人の溺愛を受け，大切に育てられることにより，大人に頼るようになり，頼み上手な子どもにな

る。何でもしてもらえるので、親に依存し、結果として、ひよわな子どもを生む。何かにチャレンジしても、ちょっとうまくいかないだけですぐに挫折し諦めるようになる。

　また、大勢の子どもがいれば、親の期待を分散させることができたものが、兄弟姉妹も少なくなり、特にひとりっ子の場合には、これまで分散していた親の期待のすべてがその一人に集中する。勉強ができ、有名大学に入ることを期待される。また、スポーツも強くなければならない。ピアノなどの稽古にも通わされる。過度の期待は、プレッシャーを生み、そのことが子どもをおかしくさせる。

　さらに、ひとりっ子や近所に友だちのいない子どもの場合、両親や祖父母のなかで育つこととなる。大人ばかりのなかで育つ。すると、大人の考え方や感じ方は理解できるようになるが、他の子どものそれが分からない。大人とはうまくつき合えるが、子どもとの間に適切な関係を創ることができないままとなってしまうということが現実にもう起きている。

(4)　6ポケットと物の洪水化現象

　子どもは、精神的な価値・精神的な満足として親の過度の期待と関心を背に受けている。「スィックス・ポケット」という言葉の通り、6つのポケットの熱い眼差しを受け、物の洪水に溺れてしまう現象がある。「6ポケット」とは、両親と父方・母方両方の祖父母の財布を意味する。少数の子どもが沢山の大人に囲まれて、高価なプレゼントをもらうということを象徴的に表した言葉である。

　物の洪水化のなかで、テレビゲームなどの高価な玩具にも不自由することなく、いたれりつくせりの生活をしている子どもたち。このような生活は、子どもたちから、人とのかかわり合い（かかわり愛）と我慢強さをも奪う。

(5)　いとこ及びおじ・おばとの関係

　少子化は、やがては、おじ、おば、いとこもいなくなってしまうということ

も意味している。

おじ，おばによる説教というものも，時として親以外からの説得ということで大きな意味を持つ。いとこの家に泊まるという経験を通して，他の家庭に入り込む直接体験により視野を広げていく。このような体験も減ってきている。

2 学校教育への影響

(1) 小規模化する学校

少子化により学校は冬の時代を迎えたとも言われ，学校の統廃合，教員数の削減，塾の倒産・廃業などが問題化している。生き残り策が問題となる反面，バブル化した学校数のもとで，受験戦争は逆に緩和されることになる。

各学校も小規模化し，さまざまな影響が出ている。

学校運営面にあっては，校長の経営方針や教育理念を教職員に周知・徹底しやすくなる。教職員の間にも，学校運営に対する意識・関心が高まり，学校全体の立場に立って考えることができるようになる。小回りもききやすく，学校として新しい試みに取り組むのも比較的容易であるなどのメリットがある。

その反面，少人数のための負担過重に加えて，互いの切磋琢磨に消極的になりがちで，校内研修の盛り上がりに欠けるというデメリットもある。

教職員の組織面では，人数が少ないので，相互の連携・協力がなくては学校が回らないので，自ら教職員間の協力態勢がとられやすい。

人間関係の面では，家族的な雰囲気から教育に不可欠な人間的な接触を密にし，和やかな人間関係をつくりあげられる反面，馴れ合いになりよい意味での緊張感を欠きやすい。

教育指導の面では，児童・生徒一人ひとりの特性を把握し，個に即したきめの細かい指導が可能となる。

しかし，あまりにも小規模化し，各学年の単級化状態になると，クラス替えがなくなり，学校・学級内における子どもの地位の固定化などの問題も生む。また，競争心に欠け，親しみから規律が緩みがちになることもありうる。

⑵ 空き教室の増加と余る教師の問題

　子どもが減れば，学級数も減る。学級数が減れば，教室が空き，教師も余る。校舎の半分以上が空き教室になる学校も稀でなくなっている。空き教室の増加により，これまでぎりぎりの基準で抑えてこられた校舎内にゆとりができ，いろいろと活用することも可能となる。最近では，多くの学校で，学級をいくつかに分けて学習する少人数指導に活用されている。その他，各種展示・資料コーナーや活動スペースとして活用したり，PTAの会議や会合に利用したりということもできる。生活科や「総合的な学習」の時間，特別活動での活用にも便利であり，PTA活動にも拍車がかかっているところもある。また，高齢者の会合等に利用してもらうことにより，高齢者と子どもたちとの交流も可能となり，ともに心の癒しの場として機能することも期待されるところである。

　また，教師が余ることにより，教員採用数も激減しており，将来にわたって教員構成の面でアンバランスを生ずる事態になっている。新規採用ゼロが続くと，不自然な教員構成となる。そのツケは子どもに回り，学校に若い先生がいなくなる。どれだけ新鮮で，熱意ある，多様な教師を絶え間なくリクルートできるかということは，今後の教育行政の最重要課題である。

　今後は，現在の，昇進と連動して教育界のみを移動する縦型システムを横型システムに移行することも必要である。少子化は高齢化をも意味する。そのことを戦略的に捉えて，今後必要とされる生涯学習（社会教育，図書館，科学館等）や福祉施設等の専門職として活用する，横への移動を図っていく。中堅教員の専門性を活用し，高めることのできる職種・職場の積極的な開拓が急務である。

⑶ 未学習内容へのオーバーコミットメントの問題

　大人の加護のもとにあるということは，これから学校で学習するであろうことについても，家庭で大事にされながら，教えられてしまうという問題もある。学校で新しい学習内容として教える時に，教師は子どもと学習内容・教材と

の出会いの仕方を工夫して導入を図ろうとする。その時に，普通であれば味わうであろうような新しい学習内容に対する驚きや感動が失われ，学ぶ意欲が減退してしまうという問題がある。

3　少子化時代における教育のあり方

　少子社会のなかでの子どもの健全な発達を保障するため，教育のあり方として大切なことは，次のことである。

(1)　関係性のなかでの共存体験の重視
　子どもを子ども集団のなかで遊ばせることが重要である。自由に遊ばせ，親としてのかかわりを我慢する，つまり出ていかない勇気を持つことも必要である。
　たとえ，よその子どもとのけんかが始まっても，すぐに親は出ていかないで，我慢し，見守ることを大切にしたいものである。このようなことは社会性の発達のための貴重な学習のチャンスである。
　幼児からの保育の集団化や学校教育における協働活動の重視（体験的・活動的な授業，生活科，総合的な学習の時間など），チームプレイが要求されるスポーツ（みんなの動きをつねに視野に入れながら瞬時に判断し自分の役割を果たすラグビー，サッカーが最適であると言われている）の体験，団体生活への参加（ボーイスカウト，ガールスカウトのサマーキャンプなど）なども，社会性の発達にとってよい経験になる。
　地域で子どもや子どもをもつ親同士の触れ合いが少なくなったことが，地域における子ども集団が失われ，子育ての環境が希薄化，弱体化した基本的な原因となっているのである。したがって，親自身がさまざまな縁を生かして，地域で群れ合い，子ども育成のネットワークを創ることも大切なことである。

(2)　授業の変革
　子どもは6ポケットのなかで，面白いテレビゲームや携帯型ゲームに浸かり，

またテレビやパソコンなどを通して楽しみながら多くの情報をインプットしてきている。このような子どもたちが教室に入ってくる現代にあって，これまでの教科書片手の一斉授業では通用しなく，すぐに飽きられてしまう。このことから，これまでの授業を変革していくことも重要なことである。学級崩壊の原因はここにもある。

　また，少子社会は文字通りすべての子どもが人財であり，一人も無駄にできない社会である。この意味からも，関心・意欲を大事にし，個性を重視する教育が肝要である。

(3)　親・大人の意識の変革
　子どもに対する態度として大切なことは，親ないし大人は子どもを一個の人格として認めるということである。
　親が自分のできなかったことをさせようとすることは子どもを親の見栄や願望実現のための手段にしていることである。また，親の趣味で着飾ったりすることは子どもをペット化していることである。このような子どもの手段化，ペット化は厳に慎まれなければならない。
　また，兄弟姉妹や友だちが少ない，またはいないということは，塾通いの子どもの増加もあり，遊び相手の子どもが少なくなることである。このことは，遊びを通しての人間関係，人間の知恵の習得が少なくなることを意味する。
　したがって，近所に子どもがいない分，親や大人が遊び相手となることも必要である。
　「子どもの権利条約」の第18条では，親双方が共通の責任を持つことを明示している。両親ともに，子育てにかかわることは重要である。
　社会進出する女性が結婚をし子どもを産みやすくするためには，教育の場での家庭科における，男性（父親）の家事や育児への参加についての学習の充実も期待される。

第4章 教育現場における俗説と理念だおれの研究

1 教育現場における俗説と阻害要因

　教育現場にしばしば見られる風潮で，教育実践研究という視点から見て見過ごすことのできないものがある。俗説や幻想ともいうべきものである。
　俗説であるからには，取り除かれるべきものである。少なくとも次の四つは，取り除かれるべきであると考える。

　俗説1──人まねは悪い。まねることははずかしいことである。
　俗説2──動機の正当性は，行為や結果の正当性をも保障する。
　俗説3──教師の力量は，教職経験年数に比例する。
　俗説4──子どもが分からない・できないというのは，よく聞いていなかったその子ども本人が悪い。

　それらがなぜ俗説であるのか，またそれらをどのように修正すべきかについて述べてみたい。

(1) オリジナリティーと「まねる」こと

　まず俗説1「人まねは悪い。まねることははずかしいことである。」について考える。
　教育の現場では，しばしば「人まねでない自分の個性を出した授業をやれ」

と言われる。とはいえ,「何をどのようにすれば,そのような授業での力量をつけられるのか」についての説明がないのが普通である。宴席などでの指導は,一種の精神論で明け暮れることとなる。

　個性のある自分流の授業をすることは,教師の夢である。そして,一般に「人まね」,「まねる」(模倣)という言葉に,マイナス・イメージを持ちやすいことは事実である。しかし,新卒の教師に「人まねでない自分の個性を出した授業をやれ」という先輩の言葉は,単なるスローガンにすぎない。相手に対してどうしたらそのような力がつくのかについて一言も触れていない。これでは,稚拙な我流のみを推し進めることにもなり,力量形成に役に立たないだけではなく,むしろそれに逆行し,害になることの方が多いと言える。

　とかく,教師の世界では,他人のまねをしてはいけない,という俗説がまかり通っているようである。

　現場教師の間では,とかく,人まねが低く評価され,自分のオリジナリティーが大事にされる。教師としての力量の上達の過程から見て,自分の力ですばらしい実践を創り上げることは,もちろん価値あることであり,教師としての力量の上達の最終目標ともいえるものである。

　しかし,初めから,人まねを排除し,自分のオリジナリティーで勝負するということは,容易でないばかりか,ひとりよがりで子どものための教育実践とはほど遠いものとなってしまうことが多い。そして,常にオリジナリティーを求めるあまり,力量の上達の過程から見ても,取り返しようもなく,まったく自己流で稚拙な力量しかつけえないで終わってしまうことにもなりかねない。

　この意味で,ここで問題としている俗説は,教師としての力量の上達の視点から見ても,また,子どもに力をつけさせるという視点から見ても,「害のある俗説」と言える。

　学ぶとは,もともとは「まねぶ」(まねる)の意であった。何ごとも,まねることから始まることは言うまでもないことである。そして,教育現場,すなわち教師の世界でも,この,まねる部分が多くを占めている。先行実践は,こ

れまでの教師の歴史的な遺産とも言える。

　単に自己流に流す（それにしても，これまでの自分の受けてきた体験に基づいたものではあるが）指導には限界がある。ひとりよがりの部分が多い。「井の中の蛙」的実践は，自己満足に終わるだけである。

　教育における最重要課題は，「子どもに力をつける」ことである。自己流でひとりよがりな実践をはるかに越えるすばらしい実践が教師の遺産としてある。それを自分の学級の実態やそれまでの指導に基づきながら自己流に翻案して使えることの方が，単なる自己流の稚拙な指導で満足することよりも子どもに対してはるかに良心的なことである。

　また，実際には，先輩から教えてもらったやり方とか，研究会で見てきたやり方とかについて，それまでの教師もまねる部分が多かったのである。多くの実践について，これまでの教師の遺産として活用してきているのである。

　特に小学校では，一人でほとんど全部の教科，全部の時間の指導を担当していかなければならない。それらの指導全体を一人だけで新しく考え出していくということは，到底不可能なことである。しかし，現実には，人まねをしなさいとはあまり言わない世界である。子どもに力をつける効果的な方法があるのならば，ただそのままの自分の指導よりもはるかにいい場合が多いにもかかわらずである。

　すべて芸の世界では，「守破離」ということが言われる。まずは「守」，つまり，まねるところからスタートするのである。そして，その芸・術を破り，そこから離れ，自分独自のものを創り出していくのである。模倣は，教師修業（学習）の第一ステップであり，特に教師修業の最初にあっては，教師にとって大切な学習と言える。すばらしい実践をできるだけ多く見て，自分のものとしていくことである。

　「まねる」ことについての，この幻想は，その「守」の段階を最初から排除しようとするものである。

　人は，まねをしながら育ち，やがてそこから離脱していくのである。

従って，俗説1を次のように修正したいものである。

> 修正1→まねること（模倣）ははずかしいことではない。自分を高めることであり，今以上の実践を展開することができるもとになる。

(2) 熱意と成果の問題

俗説2「動機の正当性は，行為や結果の正当性をも保障する。」について考える。

これは，一生懸命な気持ちさえあれば，どんな手段を用いようと，うまくいくし，子どもも分かってくれるにちがいないという考えである。

この考えのもとに，さまざまなことがなされてくる。たとえば，忘れ物表や漢字テストのがんばり表がある。これらは，できる子どもの名前が載り，できない子どもの名前が載らないというものである。できない子どもはいつになっても劣等感ばかりが残り，自信を喪失したり，学校嫌いになったりしていく。できない子どものために頑張ろうという動機で苦労して作った一覧表が，実は失敗を招く結果になっているのである。

また，人の前で叱ったり，体罰を与えたりという問題がある。よほどの信頼関係ができていない限り，これらの方法は，先ずうまくはいかない。共に，教育的に叱る・諭すというよりは，感情的な，「怒る」という行為に属するものである。

ともに，教師としての指導力のなさを別のことでカモフラージュするものである。

「こんなに子どもたちのことを思って，教師である私は努力している。だから，必ず分かってくれるはずである。もし分かってくれないのなら，それは，子どもたちが悪いのである。」動機の正当性は，たとえどれほど善意でも行為の免罪符にはならないのである。むしろ，かえってどうしようもなく悪い結果

を招くことも多い。行為がよかったかどうか，効果的であったかどうかは，結果，すなわち子どもの事実のみにて判断することが肝要である。

従って，俗説2を次のように修正したいものである。

> 修正2→動機の正当性は，たとえどれほど善意でも決して行為の免罪符にはならない。かえって，しばしばどうしようもなく悪い結果を招く。

(3) 経験年数と教師の力量

俗説3「教師の力量は，教職経験年数に比例する。」について考える。

これまで，授業の名人，達人といわれる教師の力量は名人芸であり，一般の教師がいくら努力をしても到底近づき得ない，その人独自のものと考えられてきた。

その方法・芸は長年の経験によって培われたものであり，それは自分自身でつかみとるものとされた。それは，隠し財産とされたのである。

従って，その方法・芸を得ようと思えば，ただぬすみとる以外に方法はなかったのである。

これでは，いつまでたっても，その方法・芸は継承されず，それらが連続的にさらに高められていくことはないのである。

教員の世界では，しばしば，教育の方法については，先輩の教師たちから「ぬすむ」ものであるということが言われてきた。教員の世界における風土ともいうべきものである。

そのため，名人，達人の芸への，到達可能な，ないしは接近可能な修業の方法が示されないできたのである。

向山洋一は，自分の修業の一つとして，「放課後の孤独な作業」の例を挙げて，言う。[1]

子どもが帰った教室はひっそりとしていた。誰もいない教室でただ一人，ぼくは机を順番に見ながら，子どもたちの顔を思い浮かべていた。その日の出来事を再現するためであった。(中略) 机を見ながら子どもの名前を言っていくうちに，何度もつっかえた。子どもの名前がすっと出てこないのである。(中略) 机を見ながら，子どもの顔と名前とが，すっと思い出せるまでに一週間の日時が必要であった。

　その次から，座席を見ながら子どもと話したことを思い出そうとした。印象的なことはすぐに思い浮かんだが，日常的なあれこれの言葉はなかなか出てこなかった。(中略) 来る日も来る日も，子どもの帰った机を見ながら，その日の会話を思い出す作業を続けた。やがて，少しずつ思い出せるようになっていった。しかしそれは，実に遅い進歩であった。ちょっとしたことをはっきりさせようとすると，子どもの言葉はすぐに霧の中に逃げてしまうのだった。逃げていく子どもの言葉を必死でとらえようとするこの作業は孤独なものだった。(中略)

　ぼくにとって長い時間の末，子どもたちの発言がくっきりと思い出せるようになってきた。その時の子どもの表情もまわりにいる子の表情も見えるようになってきた。それは思い浮かぶのではなく，向こうからおしよせてくるのだった。鮮明に像が浮かびあがり，それと関連した場面が次々と浮かび，そして全体の姿がくっきりと映し出されるのであった。

続けて，言う。

　玄人の力は長い間にわたる修業の結果なのである。(中略) プロの力は技術なのである。およそ，職業と名のつくものはすべて，この修業の時期を経て一人前になる。(中略)

　しかし，残念ながら教師の世界ほどこの修業が少ない世界はない。教師

> の免許状は最低の条件を有していることにすぎないのに，なぜかそこで止まっている場合が多い。（中略）どの仕事にも，その仕事の腕を伝えていく教育の方法があるのに，皮肉なことに教師の世界では仕事の腕を伝えていく教育の方法がはっきりしていないのだ。教師の世界に，教師自身の教育が不在なのである。（中略）〈年をとった教師が必ずしも腕の良い教師ではない〉と，よく言われることも，このことの一つの証しである。

　玄人の腕も修業の結果であり，修業により到達可能であることが明らかになってきているのである。
　従って，俗説3を次のように修正したいものである。

> 修正3→教師の力量は，教職経験年数ではなく，自覚的な教師修業をどれだけやったかということに比例する。

(4) 分からない・できない原因

　俗説4「子どもが分からない・できないというのは，よく聞いていなかったその子ども本人が悪い。」について考える。
　これは，「私は一生懸命に教えている。なのに，その子どもができない。その子どもができないのは，その子ども本人に責任がある。自分には責任がない。」という考えである。この考えは，子どもの責任だけでなく，親や前の担任，教科書，地域などのせいにするものも含む。これは，俗説2の「一生懸命さえやればよし」とする考えと共通するものである。
　この気持ちは誰しも陥りやすいものである。子どものせいにすることで，自分をいためることはない。しかし，このままだと，いつまでたっても教育はよくならないのである。教師の成長も，そこで止まってしまう。そのように考える教師の腕はいつまでたっても上がらないままとなる。この考えは，俗説3に

もつながっていたのである。

　教育の存在意義は，まさにその子どもをよくするためにこそあるべきものである。従って，子どもの事実をこそ大事にし，そこから教師の指導を反省していくことが肝要である。

　指導力の不足や指導の失敗を子ども，ないしは親など，他人の責任に転嫁すべきではないのである。謙虚に指導を反省することが教師としてすべきことである。謙虚に反省し，分からない子どもを分かるようにしてやり，できない子どもをできるようにしてやることこそが教師の仕事である。

　従って，俗説4を次のように修正したいものである。

修正4→子どもができないのは，教えている教師が悪い。子どもの事実を
　　　　大事にし，そこから自分の指導を反省しよう。

---

(5) 現場研究における阻害要因

　また，現場教師による教育実践研究を阻害する教育現場の実状として，次の二つのことが問題である。教師の研究意欲をそぐものである。

　一つには，教師のゆとりのなさである。

　教師は，学習内容の指導だけでなく，生活指導，行事，学級事務，部活指導等をもこなさなければならない。それだけでも勤務時間外に食い込み，忙しい現実にある。教師は，その現実をこなすことだけで精いっぱいであり，自分の力量を高めるための時間的，精神的なゆとりがないという問題がある。

　もう一つには，教師のサラリーマン化現象である。

　ゆとりのない，忙しい現実にあって，とかく教師は，あえて勤務時間外における研修・修業に時間を使ってまで努力をしなくても，教科書及び教師用指導書を使って教育内容を「教え込むこと」は可能である。また，サラリーも同じである。それならば，特に苦労することもなく容易な道を選んだ方がいいとい

う考えに，教師は，陥りがちである。いわゆる，教師の無気力化現象である。

2　理念だおれの教育実践研究

(1) 現実の授業に生きてこない理念先行型の実践研究

これまでの実践研究における問題点をあげてみる。

それは，一言で言って，次のことである。

> 理念先行型である。

裏を返せば，次のことを意味する。

> 実際の発問が示されない。従って，実際に使いようがない。それと同じ授業を再現しようとしても，大きくかけはなれたものにもなりかねない。再現性を保障する研究方法の確立にはほど遠い状態である。

これまでの実践記録は，追試行可能な先行研究として生きてこないものであった。単なる一つのアイディアの紹介としてのみ機能してきたに過ぎない。

これまでの論文，前半の理念的な面が長々と書いてあり，実践がほんのちょっとというものが多かった。これでは，いかに立派な理念であっても，その思い通りに授業することはできないのである。いかに理念の上での観点がすばらしくても，実際に教師が働きかけとして発した言葉そのものが記録されていないからである。[2]

たとえ，「ここで，このような方向に持っていく」という留意事項があったとしても，どのような言葉かけによって，子どもの意識の上においても自然にそのような状態へと到らせることができたのかが読み取れないのである。教師の言葉によって，反応は大きく異なることはよくあることなのである。

また，教師の働きかけと児童・生徒の発言がそのままべたに再現しただけの

記録というものも多い。細部に渡って描写されてはいるものの，実際にはどの発問，指示が有効に働いたのかが見えなかったり，読み切れなかったりすることも多い。従って，結果としてその授業の再現は不可能なこととなるのである。また，その授業がその後の授業づくりに生かされることもほとんどなくなるのである。授業についての記録が，他に分かち伝えられる形で役立つものとはなっていないのである。それは，実践の研究論文が，他に分かち伝えられる形で書かれてこなかったというところに問題があったのである。

(2) 理念と理論の混同

また，理念と理論との混同という問題がある。

理念と理論とを同一視し，理念が理論にすり替えられていることが多いのである。

理念とは，教科で言うならば，「観念的○○科教育論」という程度のものである。

理論とは，「個々の事実や認識を統一的に説明することのできる，ある程度の高い普遍性をもつ体系的知識」である。この理論は，授業の事実が沢山生み出され，整理されえなくて，困った時に必要とされるメガネのようなものである。

今は，理論化以前の，この事実を蓄積することでさえ，まだなのである。

にもかかわらず，今，現場では，この，理論ならぬ理念が先行しているのである。余りにも理念の方が強く出すぎていて，それが理論とされてきたのである。

理念は，語ろうと思えば，いくらでも語れるものである。考える人の思いで，いかようにでも語れるものである。なぜなら，それは，語る人が当該の教科に寄せる思いや希望を語ればいいからである。

理論は，教室の事実を基に構築されるものである。

どちらがより大切かは，明白である。

この意味で，教室の事実，つまり真の実践を今まで以上に重要視し，そこから理論を構築していくようにしなければならない。

3　教育学と教育実践との不毛な関係

　これまでの教育学にも問題があった。

　あまりに，実践の学としての機能を果たしてこなかったのである。

　教育学は，実際には，理念の学となり，「何をどう教えるか」ということが，あまり系統的に研究・教授されてこなかったという現実がある。

　杉山明男は言う。[3]

> 　実践の学といわれている『教育学』が実践というよりも理念の学となっており，あるべき理念について研究はされていても，現実の課題に対する取り組みは必ずしも十分であるとはいえなかった。

　少し立ち入って，たとえば，教育哲学の分野をみてみる。[4]

　教育哲学の真髄は，教育現象を哲学することにあると考える。教育現象の一つであり，学校教育における最も代表的かつ重要な授業について教育哲学的な考察をすることは，その重要な部分である。

　教室現場の教師には，切なる願いがある。目の前にいる現実の子どもをよくしたいというものである。また，この子どもたちによって創り上げられる教育の事実がある。教師は，目の前の「この子ども」をよくするためにはどうしたらよいかという，切実で，しかも純粋な，授業当事者としての願いを持っている。従って，この子どもたちを何とかしなければならないという「ねばならない」という視点から授業を考えていこうとしているのである。

　また，それ故に，現場教師は，近視眼的になりがちでもある。そのような授業研究のあり方に対して，授業研究の現実の問題を根源的，本質的，統一的に追究してゆくことにより反省を迫っていくことを可能にするのが，教育哲学で

あると考える。

しかし，実際の教育哲学研究は，現実の教育実践とは無縁であった。

昭和29年発行の『教育研究事典』では，既に，教育哲学研究の弱点として，下程勇吉によって次の三つのことが指摘されている。[5]

---

① 直訳性（欧米の教育思想を直訳的に紹介するだけで，教育現実にはたらきかける力に欠ける）
② 外面性（外の，一定の哲学的立場を教育に持ち込む）
③ 書斎性（教育現実との生きたつながりを欠く）

また，宇佐美寛による指摘もたいへん示唆的である。教育哲学研究の問題として，次の三点が指摘され，それらは「一つの病気の三つの症状」として問題とされてきているところである。[6]

---

① 独自性・主体性の欠如（植民地的・受け売り的業績）
② 教育現実からの遊離
③ ずさんな論理（言語使用のあり方についての無関心・無自覚）

ともに，教育現実にとって生きて働くものとなっていないという点が問題とされてきたのである。

にもかかわらず，現在の教育哲学研究においては，外国の教育思想の読解・紹介の研究がかなりの部分を占めているのである。現実には，教育哲学と教育実践研究とはまだまだかけ離れたままになっているのである。

実際，教師は，授業当事者として，また教育実践研究のために「教育哲学書」を繙くことはないと言える。教育実践研究における切実な問題をえぐりだして，そのことについて解明することがないからである。教室の現実に役立つ具体的な方策については何も与えてくれないのである。

教育学における理論，ないし教授理論は，もともと完成されたものとしてあるのではないのである。常に批判的に検討され，深められてゆくべきものである。教授理論と授業実践とは，相補的，螺旋的な循環関係のなかでこそ，共にみがかれ，深められてゆくものである。この限りにおいて，授業実践は理論的な考察結果に依存し，また，その理論的な考察結果は，常に，教育実践における新しい事実によって批判・検討に晒されるものでなければならないと考える。

【註】
（1）　向山洋一『斎藤喜博を追って――向山教室の授業実践記――』，昌平社，1979年，pp.88-91。その改訂版，『教師修業十年――プロ教師への道――』（明治図書，1987年）では，pp.74-76。
（2）　理念だけが先行し，実践の記録として示されることのなかった具体例については，別のところで実際に一つの例を挙げて述べた。拙稿「算数・教材開発をどう進めるか2」，『授業研究』No.316，明治図書，1987年10月，pp.116-124を参照。
（3）　柴田・杉山・水越・吉本編著『教育実践の研究』，図書文化，1990年，p.47。
（4）　教育哲学研究と現場の授業研究との乖離についての詳細なる検討については，拙稿「授業研究における Philosophieren の推進を」，『教育哲学研究』第55号，教育哲学会，1987年，pp.9-14を参照。
（5）　下程勇吉「教育哲学」，『教育研究事典』，金子書房，1954年，p.458。
（6）　宇佐美寛「教育学の科学性を問う」，『教育哲学研究』第37号，教育哲学会，1978年，pp.1-6，及び「『教育哲学』のことば」，『教育哲学研究』第32号，教育哲学会，1975年，pp.36-49を参照。

第Ⅱ部

新しい時代の授業づくり

第1章 「学んだ力」から「学ぶ力」への転換
——今日的な教育課題としての学力とは何か——

1 「今日的な教育課題としての学力」の外延的意味

　あるシンポジウムのパネリストとして「今日的な教育課題として学力とは何か」について提案することになった。その時にまとめたことについて述べる。
　まず,「今日的な教育課題としての学力」における「としての」の意味について考える。文法的には,大きく二つの部分からなる。「として」と「の」である。ともに助詞である。
　「として」は,広辞苑第五版によれば,「②……の資格で」の意味を有する。例として,「人として恥ずかしくない行為」が挙げられている。この場合は,「人として」は「恥ずかしくない」にかかる。「の」は,体言にかかる連体助詞である。
　また,「教師としてのA氏」のように,「としての」の前の言葉はA氏の属性の一部を指すと考えられる。「研究者として,子どもとして,父親として,兄として,人間として,男性として,学長として,小説家として,ノーベル賞受賞者として」等々が考えられるのであり,「教師として」はその一側面を指しているにすぎない。さらに,「国語の教師として」とか「○○の子どもとして」のように,限定がかかる場合もある。
　したがって,ここで言う「今日的な教育課題としての学力」とは,学力は多様に考えられるものではあるけれども,「教育課題」,なかでも「今日的な教育課題」という側面から見たら「何」が大切かということを問うているものと考

える。

　さらに，この助詞二つの組み合わせは，副詞的修飾句（連用修飾語）に連体助詞がくっついた形になり，全体として形容詞的修飾句（連体修飾語）を形成している。ここから，「今日的な教育課題として」の副詞的修飾句と体言としての「学力」とをつなぐ「の」を，考えられる動詞に置き換えてみると，「当然考えられなければならない」や「大切にしたい」などが考えられる。

　したがって，ここでは，多様に考えられる学力のなかでも，特に私が「今日的な教育課題」として大切にしていかなければならないと考えているものについて考察を進めることとする。

2　「基礎的学力」としての学ぶ力

　今，改めて「読・書・算」の基礎学力論について現代的文脈において考えて見たい。「読・書・算」の能力とは，およそ次のものである。

「読」——読む力（字・漢字・文章を読む力，読解力，読書力）
「書」——書く力（字・漢字を書く力，文章を書く力，作文力）
「算」——計算力

　国語力のなかで，確かに読む力や書く力は重要である。この識字教育の高さが今日の日本を創り上げてきたと言っても過言ではない。

　とは言え，もう一方にある「話す力」や「聞く力」はどうであろうか。コミュニケーションや対話が大事にされる今日からすれば，これらの直接的なコミュニケーションに必要とされる「話す力」と「聞く力」も重要なものであると言える。「コミュニケーション能力」とも言えるものである。これらも，「読む力」や「書く力」と同様に，理解し表現する能力として大切なものである。

「話」——話す力（話す，話し合う，スピーチ力など）

> 「聞」——聞く力（聞きとる，聞き合うなど）

　この二つは，すでにボルノウが学校教育の課題として強調していたところでもある。[1]
　「読み・書き・話す・聞く」をまとめて，国語力（あるいは，国語リテラシー）と総称することができる。

理解の領域・能力	表現の領域・能力
○　読む，読み取る（文字，文章，情報，写真等） ○　聞く・聴く	○　書く（文字，文章，情報作成・情報活用） ○　音読・朗読 ○　話す

　実際は国語の授業のなかで扱われてきたにもかかわらず，コミュニケーション活動の能力として大切にされ，各教科やすべての教育活動のなかで意図的に指導され，鍛練されることはほとんどなかったものである。英語教育にあっても，同様で，読み・書きの能力ばかりが重視され，英語によるコミュニケーション能力は鍛えられないままであった。
　このようなネガティブな扱いが，今日日本を国際化の遅れや国際舞台におけるコミュニケーションの貧困さに導いた元凶であるとも言える。
　また，今や，時代は高度情報化の時代である。コンピュータやインターネットの時代であり，大部分のことはコンピュータに任せることが可能である。今や，IT革命と言われる時代に突入し，コンピュータはインターネットでの瞬時の情報検索・収集や相互通信などには欠かせない道具となっている。
　コンピュータを駆使すれば，「書くこと」それ自体は手軽なものとなった。「話すこと，言いたいこと，表現すること」さえしっかりしていれば，少しくらい字を間違えても伝わるのであり，その間違いさえもほとんどなくなるのである。

また，コンピュータを使うことができれば，ワープロ機能だけでなく，計算機能もフルに使えるようになり，計算自体はいとも簡単にできるようになる。表の計算やグラフ作りも同様である。したがって，人間の方には，計算を命じるために計算式を立てることやその計算の結果が間違っていないかどうかをチェックし，判断することなどがより重要なこととなる。

　この意味で，コンピュータ・リテラシーも重要である。

　これとの関連で，「算」（算数・数学）の力のなかでは，特にコンピュータに命令・指示したりコンピュータの作業結果をチェックしたりすることにつながる「立式・概算・見積もり」の能力がより重要になってくる。

　コンピュータ・リテラシーの力が備わることにより，知識・情報もだいたいのものについては，コンピュータで検索できることとなる。

　このことと連動して，多くの知識・情報のなかで埋没し混乱してしまうことを回避するためにも，「情報活用能力」，「多読・速読の能力」なども身につけていきたいものである。洪水のごとくに巷に溢れ出ている情報を読み飛ばしたり読みこなしたりしながら，自分に必要なものを取捨選択していく能力も，今後ますます重要になってくると考える。

　また，現代は，時間的に世界がせまくなり，瞬時にして世界の情報が飛びかい，国際間の交流も欠かせないものとなりつつある。このようなグローバル化，国際化のなかでコミュニケーションを図る道具として，コンピュータ・リテラシーに加えて，「英語力」が重要なものとなる。英語コミュニケーション能力ないしは英語リテラシーとも言うべきものである。

　文章や場面等を算数・数学の言葉に置き換えることは，立式することである。上述の「立式，概算，見積もり」を含めた「計算」の能力も，やはり生活していく上での道具として欠かせないものである。近年，numeracy（number literacy）と言われるゆえんである。

　以上，これまでに述べてきた国語力（国語リテラシー）及びコンピュータリテラシー（情報活用能力），英語コミュニケーション能力（英語リテラシー），

計算力は，四つの言語（道具）を意味する。これらの能力こそが，学力の基礎的部分として最も重要である。

さらに，今日における子どもたちを取り巻く生活環境の変化には目まぐるしいものがある。藤井千春の次の言葉は示唆的である。

「少子化による過保護や子ども相互のかかわり合いの少なさにともなう社会性の未熟さ，外で遊ばなくなったことにともなう自然や社会についての直接体験の不足など，子どもが生活において育ってきた基盤そのものが脆弱になっている。（中略）現代の子どもたちにとっては，自然や社会，人との直接かかわり合うことの体験不足が重大な問題点である。」[2]

このような体験も，今日では学校でセッティングしていく必要がある。「直接的自然的・社会的認識力」とでも言うべきものや人と人とのかかわりに関する「社会性」の育成もたいせつにしていきたいものである。この意味で，生活科や「総合的な学習の時間」などにおける体験活動や協同活動は重要である。

3　生きて働く「基本的な学力」としての学ぶ力

高度情報化社会において，社会を取り巻く情報量は莫大なものである。また，社会の変化も激しく，知識の陳腐化も早まる傾向にある。

このようななかで，教育・学習は学校教育のなかだけで完結することはますます不可能な時代になってきている。学校教育は，生涯学習社会体系のなかに位置づけられ，我々は日々学習の場のなかにある。

学校教育で知識を網羅的に扱うことや知識・学説を固定的にとらえることは不可能なことである。

にもかかわらず，学校教育は依然として受験体制，受験至上主義のなかにあり，それらは画一的で暗記中心の教育を促進させている。

一斉指導において，画一的で詰め込み的な指導を通して，単に形式的，表面的にわかったというだけでは，たとえ内容はすばらしくても，真に生きて働くものとはなりえないのである。

21世紀においてたいせつにされなければならないのは，生きて働く知識・理解・技能の獲得とそれらを生み出す力の獲得である。

> ○　生きて働く知識・理解・技能〈基礎的基本的内容〉
> ○　それらを生み出す力〈基礎的基本的方法・意欲・態度〉

　それらを生み出す力とは，思考の方法，教科特有のものの見方・考え方や関心・意欲・態度面のものとしての知的好奇心，探究心，実践的態度などである。
　最近，「基礎・基本の徹底」と言うことが叫ばれているが，ややもすると知識・理解や技能のことのみが強調される。重要なのは，それだけではなく，このような思考の方法・考え方や関心・意欲・態度面（情意面）における基礎・基本への着目であると考える。
　この意味で，これからの「学力」としては，従来の意味での「学んだ力」（知識・理解・技能）だけではなく，「学ぶ力」，「学ぼうとする力」がより一層重要な位置を占めるものと考える。「学ぶ力」という視点から見ると，「学んだ力」も実は「学ぶ力」と相互補完的な関係にあり，「学ぶ力」に含めて考えることができる。主題の「学ぶ力」への転換は，この意味である。
　ここで言う「思考の方法」とは，問題の解決に向けての思考を誘発し，思考を深めていくための見方・考え方である。教科特有の考え方，例えば数学的な考え方[3]の根底にあるものであり，この思考により，教科特有の考え方も誘発されてくる。
　「実践的な態度」とは，それ以後の学習や生活の問題に対して取り組む時に必要とされる自主的な態度である。
　知識・理解・技能を生み出すこれらの力は，日々の学習・生活のなかにおいて転移し，方法として生きてくる学習能力・態度である。
　これらは，基礎的・基本的な知識・理解・技能と同様に，学習の能力として身につけさせていかなければならないものである。

学習において，子どもは，もっている知識を整理したり，必要に応じて新たな知識を組み入れたり，あるいは，それらの知識を使っていろいろと考えをめぐらしたりして，子ども自らが問題を見出し，自らの力で解決策を見つけ出して，結果として，新たな「知っている」という状態を創り出す。

　この，知識を整理したり，組み入れたり，使ったりするときに，子どもは，例えば，次のような「思考の方法」を働かせる。

- 「もし～ならば，～となる。」と仮定する。（仮定する）
- 「～は○○になっている。だから，～は△△なのではないか。」と推量する。（推量する）
- ○○と△△とを比較して，その違いから～であることが分かる。（比較する）
- 比較し，仲間同士に分類してみる。（分類する）
- 「○○からみれば～だけれども，△△からみれば～である」という見方をする。（視点・観点を変える）
- 「～にあてはめると～になる。」と一つの尺度にあてはめて考える。（共通の基準でみる）
- ○○と△△がどのように関係しているのかを考える。（関係を問う・関係づける）

　このような「思考の方法」を授業のなかで誘発し，実際に使って思考を深める経験を通して，使えるものとして身につけさせていかなければならない。

　学習で得た知識・方法をそれ以後の学習や生活のなかで進んで使っていこうとしたり，さらに別の視点から問い続けていこうとしたりする姿は，理想とする子ども像の究極の姿である。「実践的な態度」として表れた姿である。

　算数・数学科における問題解決的な学習場面に即して，より具体的な様相として捉えると，次のようになる。

> ア　学習の計画を立て，順序よく考えていこうとする態度
> イ　多様な解法を理解し，進んでそれらを使っていこうとする態度
> ウ　それぞれの解法のよさを自覚し，問題に応じて使い分けていこうとする態度
> エ　自分なりによりよい解法を選び，進んでそれを使っていこうとする態度
> オ　原問題をもとに，発展問題を作り，その問題も同じようにできるのかどうかを考えていこうとする態度
> カ　生み出された知識・方法について発展的に考えようとする態度（数範囲を拡張したり，他の図形に適用したりしても同じように見ることができるかどうかについて考えようとする態度）
> キ　友達の着想や検討のしかたのよさに着目し，それらを進んで使っていこうとする態度

4　どのようにして獲得させるか

　それらの獲得を実現する方途としてのキーポイントは，それらの獲得のさせ方にある。授業で扱われたものが生きて働くものとなるためには，一人ひとりが自分自身の力でそれらの概念や法則を見出す過程に参画し，そのなかで獲得されたものでなければならない。単に教え込まれるものでは，真に身につくものとはなりえないのである。また，それらを生み出す力も，このような過程を通して身につくものである。

　知識受容・習得型の学習から知識獲得型の学習への転換である。

　このことを可能にする授業過程として，算数科の場合，私は，「自ら考えみんなで創り上げる算数学習」を構想している。[4]

　「自ら考えみんなで創り上げる算数学習」とは，子ども自らが問題意識をも

って主体的に問題に取り組み，一人ひとりが互いに考えを出し合い理解し合い，高め合うなかで創り上げられいく学習である。

この意味で，教室は間違う場，考える場であり，授業は，みんなで考え，創り上げていくものである。

算数科では，特に日常の事象を数理的にとらえ，筋道を立てて考え，数学的な考え方の発現を図るなかで学習が創り上げられるという過程が重視されなければならない。そうしてこそ，将来に生きて働く，数学眼ともいうべき数学的な見方・考え方も身につくのである。

【註】
（1） ボルノウは，対話成立のための対話者の能力的前提としてその育成を強調し，この二つの能力を端的には，自由に発言する勇気と，他者の意見に耳を傾け，それを根本的に自分のそれと同じ正当性を持っているものとして認める心構えであるとして表現している。（第Ⅰ部第1章参照）
（2） 藤井千春「異なる状況や課題のもとでの基礎学力——子どもの生活を取り巻く状況，人類や国家社会が直面する課題が異なる——」，『現代教育科学』No.518，明治図書，1999年，p.40。
（3） これは，数学的な概念や法則，計算原理などが生み出され，創り出されていく過程で働く考え方である。
（4） 詳細は，拙著『自ら考えみんなで創り上げる算数学習——新しい時代の授業づくりと授業研究——』，東洋館出版社，2000年を参照。

第2章　子どもの育ちをいかに援助するか
──学校教育における病理現象と
その克服の道筋──

1　学校教育における病理現象

　これまでの教育の混乱の根源には，国家主義的な教育システムがある。
　明治以来の教育は，国家のための教育であり，画一性，効率性を重視したものであった。大量生産，大量消費，大量廃棄の流れのなか，個々性（個性）や多様性を認めないものであった。教育界が抱えるさまざまな問題，例えば不登校（学校拒否，学級拒否，教師拒否）やいじめ，いじめ自殺，いじめ自殺予告脅迫事件，教師の体罰，校内暴力などは，これまでの同質志向・経済効率優先の考え方が生み出したものと言える。環境問題にしても同様で，経済優先主義の考え方では駄目なことが明らかとなってきたのである。これらの考え方のほころびが学校教育においてもいろいろと不都合なこと，すなわち病理現象を生じさせているのである。
　そのような教育混乱の根本原因として，次の二つのことは決定的である。
　一つは受験体制・受験中心主義であり，もう一つは管理教育である。前者は学習指導に関するものであり，後者は，生徒指導に関するものである。

(1)　受験体制・受験中心主義からのもの

　受験至上主義，暗記至上主義（症状至上主義），偏差値・得点至上主義，評価至上主義（内申書の点数化なども）は，隠れたカリキュラム（hidden curriculum）として，学校の教育課程（おもてのカリキュラム）を大きく支配し

ている。

　評価や授業の現実は，「評価のための評価」，「評価のための授業」として評価に追い回されるの感である。これは本末転倒の現象であり，評価は，本来個々人を伸ばすためのもの，さらにはそのために授業を改善するためのものである。

　画一的な教育，暗記至上主義は，多様性の排除でもあり，創造力，思考力，追究力，柔軟性を鍛えることとははるかに遠いところにある。

　したがって，子どもたちにとっては，テストのみがすべてであり，結果として「考えない子ども」を育てることになっている。子どもは，○×だけを知りたがり，それを知るだけで満足する子ども。教師，学校側の指導は，子どもにそれ以上，そのことについて深く追究してみようと思わせるようなものとはかけ離れたものとなっている。恐ろしい事態である。

　実際に，高校においては，自分の受験科目の時は，一生懸命に勉強し，授業にもついてくるが，他の科目になると，とたんに，内職したり，意欲をなくしたりするというゆがんだ現象が多々見られる。受験科目にだけ真剣になり，他の科目に対して真剣に取り組まないといういびつな状況を産み出している。

　教師の側から見ると，受験科目でない場合は，特に「受験頻出箇所等」の徹底的な指導の心配をする必要もないため，かなり「自由な試み」ができるところでもある。本来の授業ができるはずである。しかし，生徒の方では，それを期待しない。結果として，無味乾燥な授業に陥っていくということになる。

　親にあっても，受験産業，受験体制に便乗し，家庭での教育についてもすべて外注化する状況を産み出している。躾についても学校での躾教育を要望し，放課後の時間は，塾や予備校に通うというダブルスクール化現象を招いている。

　得点・偏差値志向の状況のなかでは，その教育から知らず知らずのうちになおざりにしてしまっているものが沢山あると言える。

　得点や偏差値は，人間についての単なる一つの見方にすぎないものである。これらは，ごくわずかの子どもにとってのみ自信を与えるものとして機能する

とはいえ，大多数の子どもの心を傷つけ，やる気をなくし，気持ちを腐らせてしまうものでもある。

このような教育は，序列化・競争主義の教育である。このような教育にあっては，他者すなわち友達とともに学ぶ楽しさ，理解を共有する喜びを味わうことなどなしに過ごすことになる。そこに，子ども同士によるコミュニケーションを楽しみ，自己実現を図る余地はない。また，やる気を失い，学習から早々に戦線離脱する者が出てくる可能性も高い。始めから「競争レース」に参加しない，チャレンジしない子どもである。努力して失敗するよりも，努力しないで失敗する方を選ぶ。自分の能力のなさの露見を恐れるからである。そのような子どもは，自己の存在証明を学校外に求め，非行，いじめなどに走るのである。学校での子どもの生活を楽しくないものにしているのは，この序列化・競争主義の教育である。

そのような教育を体験してきた学生曰く，「テスト結果とその順位を貼り出され，公表される。友達との関係が気まずい雰囲気になる。」と。

本来，教科の学習では，その学習を契機にさらに「追究したくなる力」を育てることが重要である。「善さ菌」，すなわち，「善くなろうとする力」を養成することが重要である。しかしながら，現実の授業は，点数至上主義の状況に陥り，そのもとでは，「教え込み，習熟」のみが「学習」であると考えることとなる。

(2) 管理教育からのもの

現在，学校では，管理教育が珍しくないことも明らかになってきている。人間よりも規則を優先し，校則による拘束教育，体罰による教育という形で現れている。度をこすと，自殺においこむ場合もある。

生徒サイドでは，それと裏腹のものとして，いじめや非行の問題を生んでいる。その典型が，鹿川君の葬式ごっこ事件，大河内清輝君に代表されるいじめ自殺である。最近では，ネットいじめのニュースも珍しくないものとなってい

る。

　学校教育，学校教師の現状を露呈した暗い事件が相次いでいることは，由々しき事態である。

　非行防止，こころの教育という目的が忘れられ，「生徒個人」のことを考えず，体罰を加えてでもとにかく吐かせるという手段などが独り歩きをしてしまうとたいへんなことになる。「愛のムチ」の名のもとに問題をすり替え，自らを正当化してきたものである。いまだに体罰は後をたたなく，年々増えている状況である。

　教師のモットーとして子どもの可能性を大切にすると言いながら，いざ教室では，権威を振りかざし威張っている教師があまりにも多い現実である。教師対児童・生徒の図式のなかでは，子どもが本音で話しかけたり，相談したりできる雰囲気は生まれない。子どもが教師に何でも言える関係になっていれば，いじめや不登校が大幅に減るはずである。

　俵萌子氏は言う。「管理と体罰が行き届くほど，子どもの住む世界は息苦しくなる。以前は，それへの反発として，校内暴力があったが，それすら，警察の力を借りて，みごとに抑えこんでしまった。残るは，教師の目の届かないところで，自分より弱い者にたいして，ウサをはらす方法だけである。ウサばらしのやりかたについては，不幸なことに毎日，教師がお手本を見せてくれている。体罰と称する暴力のふるいかた。それを見ていれば，どうやっていじめればいいか，すぐ分かる。」[1]，と。

　また，教師が管理的にふるまっている学級の子どもほど，興味・関心をもって学習に取り組もうとする傾向が低くなり，自分に対する自信も低いものとなるという調査結果がある。しかも，このことは，比較的短期的に現れ，一年間を通じて持続するということである。新しい学年，新しい学級を新たな気持ちでスタートさせたいという時に，そこに管理的にふるまう教師が配属になることによって生ずる弊害は大きいものと言える。そのような教師のもとでは，自分は自分の行動の主人公でありたいという基本的欲求がそがれることとなり，

そこからは決して生き生きとした，楽しい学校生活は生まれないのである。

　これら二つのことがあいまって，受験至上主義や管理主義（校則至上主義）についていけない，普通の子どもたちに，ストレスを与え，「いじめ」（ネットいじめなども）や「不登校」，「問題行動」，「校内暴力」，「学級崩壊」という病理現象を生み出させているのである。

2　子どもの育ちをいかに援助するか

　このような状況を改善するためには，社会・企業・地域のあり方，大学入試のあり方を含む教育システムの問題，学校，教師，及び子どもの問題というような観点からさまざまに検討されなければならないことである。ここでは，現場教育の改善として，特に教育の直接的な当事者，すなわち教師としての対応のしかたに焦点づけて考えてみたい。

　管理教育のもとにおける教師の教育観は，教育は体罰・管理によりうまくいくというものである。この考えは，減点法主義的な見方にとらわれ，精神主義に根ざしていると言える。

　子どもや青年を暴走から守ると称して，「根性論・精神論」が横行し，体罰が肯定されかねない風潮が，現実にある。青少年を，大人にまで「しこむ」べき未熟な存在としてとらえているためである。ここには，現在の，社会での習慣を，訓練によって徹底的に身につけさせようとする，「作る教育」の発想が根底にある。

　この場合，往々にして，青少年のためと称して，実際は，「学校の名誉のために」，「教師のプライドや見栄のために」生活指導（生徒指導）が行われているのであるといわざるを得ない状況である。そこには，肝心の青少年の発達という観点が見失われている。

　このような発想のもとでは，安易に，「落ちこぼれ」（落ちこぼし）を退学させ，また，非行・問題行動を起こした生徒を厄介者扱いにして，「たらい回し」

をすることになる。

とは言え，その逆に，青少年のいいなりになっていればいいということでもない。場合によっては，毅然とした態度・姿勢を示すことも必要なことではあるが，それは何のために，誰のためにしていることなのかを真剣に考えている上でのことでなければならない。そして，彼らが，自らの誇りにかけて，自らやその集団生活を自己規律できる自主管理能力を，自主性や自治性の内実として大事に育てていくことが肝要なことである。

そのための対策として，ここではいくつかに絞って述べてみたい。

(1) 指導体制における発想の転換

学校は，まず第一に，生徒を校則・体罰で縛ればいいという発想を転換することである。そのためには，抜本的な改革が必要である。

村井実は，「校門圧死事件」に関して言う。「明治の近代国家形成期に生み出された『日本の悲劇』と見る。国家促成のために，国家，国民の目標，規範が一握りの指導者によって否応なくつくり出され，速やかにそれを実現したり，順守することこそが善，と思い込まされてしまった。その後遺症は学校教育の考え方にとりわけ根深く残り，末端の教師の一人ひとりにまで何らかの学校規範を勝手に作っては，児童生徒をそれらに従わせることが教育，と錯覚してしまっている。」，と。

学校教育におけるこのような考え方を抜本的に改めることが肝要である。

校則問題については，子どもの立場や学校の機能の面から抜本的に考えなおすべきである。また，校則づくりの手続きの改革なども重要な問題である。手続きの例としては，地域や生徒を巻き込み，彼らとともに校則づくりをするなどということも考えていかなければならない。現実にそのような学校が増えてきていることは望ましいことである。

実際に行っている学校では，往々にして，かえって細かくなるというケースも見られるようであるが，生徒自らがそこに参画して共に作るという，オープ

ンな過程が教育にとっては意義があるのである。内容はともかく，共に作ったものであるという意識が学校生活を円滑に動かすもととなる。

　そしてさらに，学校全体を内側だけでなく，外側に対してもできるだけオープンにすることが重要である。特に，保護者や地域住民の理解や信頼を得るためには欠かせないことである。そうでないならば，彼らの間にいろいろと憶測を生み，結果として信頼を得られない状況に陥ってしまうこととなる。さまざまな憶測がさまざまな噂となり，それらがどんどんとさまざまなネットワークを通じて回っていってしまうという現実がある。

(2) 加点法的な見方

　生徒をよりよい方向に向かわせるために，加点法的な見方が有効である。

　加点法的な見方とは，ある規準・理想に照らして達成されているかどうかを見ることよりも，個々人のなかでよいところを見つけてほめる（認める）ことである。理想と比べる場合，どちらかというと，減点法的な見方に陥ることが多い。加点法的な見方は，他者の得点と比べての垂直的な評価ではなく，個々人のなかでのさまざまな観点の比較や過去との比較（時間系列での比較）であり，この意味で，多面的，水平的な評価とも言える。このような評価が個々の生徒を伸ばすのであり，この見方は，プラス思考の見方とも言える。

　これだけでも，子どもは，大きく変わる。プラス思考の見方は，子どもを信頼している，愛を注いでいるということでもある。

　にもかかわらず，現実には，減点法が横行し，罰則規定が幅をきかせている。それは，生徒の反発を招くだけである。

　学校現場には，このことがなかなかできかねる教師が多いといわざるを得ない。時間がきたから，校門を閉めればいいということでは困るのである。もっと温かく，こころに訴える教育が考えられなければならない。学校教育全体において，こころに染み入る教育がたいせつである。

　学校現場や個々の教師は，ややもすると，一生懸命な気持ちさえあれば，ど

んな手段を用いようともうまくいくし，子どもも分かってくれるに違いないという考えを抱きやすいものである。それは，幻想にすぎない。

　動機の正当性は，決して行為や結果の正当性まで保障するものではない。教育愛に基づいた精神論だけでは何の役にも立たないのである。

　動機の正当性は，たとえどれほどの善意でも行為の免罪符にはならない。かえって，どうしようもなく悪い結果を招くこともしばしばである。

　例えば，体罰の問題や言葉の暴力の問題がそれである。大勢の前で体罰や言葉の罰（人の前で，その子の恥・不名誉や不利になることを言ったり，叱ったりする）をあびせることは，子どもに，反省ではなく反感だけを持たせることとなる。特に，教師と生徒との間に信頼関係ができていなければいないほど，マイナスに作用する。

　いじめは，往々にして，教師の言葉によって作られているとも言える。[2]「ほめるのは人前で，叱るのは対個人で」は，教育における根本原則である。特に後者は重要である。（最近は，ほめることについても，やっかみを招くなどと難しい状況になってもいる。）

　このようなやり方は，教師でなくても，誰でもできるやり方でもある。教師として，きちんとした指導法，対処のしかたを身につけるということが重要である。

　教師の建前としてだけでなく，教師の本心・常識として，最低限，

---

① 　生命に関わることは最優先に扱う
② 　体罰を人間に絶対与えてはいけない

という人間観・指導観の確立が急務と言える。

　このことは，教師のこころのひろさ，やさしさにも関連している。教師の目の上にすぐに目標や校則があり，そこから児童・生徒を評定する減点法主義的な発想は，教師の管理主義を生むだけである。この根底には，「画一的に見よ

うとする考え方」が潜んでいる。教師は，このような考え方に陥ることなく，ひろくゆったりとしたこころをもって児童・生徒に接し，児童・生徒の立場に立って，かれらを肯定的，加点法的に受けとめ，育てていくという構えがほしいところである。彼らを育てるために教師に必要なことは，鉄製の門扉でも固い鉄拳でもなく，やさしいこころがけ，言葉かけや「目をかけること」（アイ・コンタクト，まなざし）が必要なのである。

　善さを認め，善さを生かすことが肝要である。

　このことがうまくいかず，教師・教育が産み出した子どもの悲劇の例として，島秋人[3]の例が挙げられる。

　島は，昭和9年6月28日，中国東北部（旧満州）生まれで，新潟県柏崎市番神岬育ちで，晩年を死刑囚として過ごし，昭和42年11月2日に死刑執行により33年の生涯を閉じた。死刑後，7年間の間に作った短歌をまとめた『遺愛集』（東京美術選書9，昭和49年新装初版，原初版は昭和42-3年）が出版された。

　短歌「土ちかき部屋に移され処刑待つ　ひととき温きいのち愛しむ」は，そのなかの一首である。

　その彼の学校時代は，悲劇であった。担任に「おまえは低能だ」と決めつけられ，足で蹴飛ばされ，棒で殴られる日々を送ったとのことである。恐ろしくなった秋人は，苦し紛れに嘘をつき，学校をさぼり，一日中，神社の裏の草やぶや，川岸の岩かげに隠れていたこともあったとのことである。家庭でも，3歳で母を亡くし，父からも冷たくされ，孤独であり，また，級友からも仲間はずれにされていた。そんななかで，性格はひねくれ，衝動的な行動を繰り返し，喧嘩早くなり，とうとう盗みを働いて，少年院に送られてしまう。昭和34年，24歳の彼は，飢えに耐えかね，小千谷市のある農家へ泥棒に入り，そこの主婦を殺してしまう。2000円を盗み，逃げようとしたときに，村から帰ってきた主婦に発見され，争いになってのあげくの果てのことである。裁判では，情状酌量の余地なしとして，昭和37年に死刑を言い渡される。強盗殺人罪で昭和42年11月2日に死刑執行，33歳で死去。昭和35年より獄中で短歌を作り始める。

それまでの彼は，学校でほめられたことのない，何のとりえもないと思われていた学業不振児であった。しかしながら，島には一度だけほめられたという記憶があった。中学１年の時の担任教師，吉田好道に，美術の時間，「きみの絵はへたくそだけど，構図がよい。」といって，みんなの前で，ほめられた記憶である。そのことを思い出し，刑務所暮らしの死刑囚，島秋人が，旧師吉田に手紙を出す。吉田より，分厚い，親身で優しさに満ちた返信があり，そのなかに，吉田絢子夫人の短歌三首も入っていたとのことである。島は，その短歌を見て，短歌のよさに気づき，短歌に目覚めたのである。それ以後，毎日新聞の歌壇に投稿し，選者の窪田空穂の目にとまり，「毎日歌壇賞」を数度受賞[4]するまでになる。哲学者，森田宗一をして，「われわれがしばしば毎日新聞の歌壇で出会うことのできる死刑囚秋人――もともとどういう方なのか，どういう罪で死刑などの言い渡しをうけることになったのか，私は知らない。刑が既に確定し，処刑の日を待つ囚人らしい。しかし，その歌は純粋を極め，心うつものばかりである。そして，そこには，やがて死刑によって失う残り少ない生命を愛惜する心，己がいのちの再開とでもいうべき心がにじみ出ている。また，そこには，人との真実を傾けての新鮮な出会いと対話がある。人とだけではない。小鳥や草花，生きとし生けるものをいとおしみ，それとの感動的な心のかよいがある。その歌との出会いが私にはいつも何か安堵に似た気持ちと心洗われる思いとを与えられる。」[5]と言わしめている。また，毎日歌壇選者，窪田空穂によっても「そうした歌を読むと，頭脳の明晰さ，感性の鋭敏さを思わずにはいられない感がする。」[6]とまで言わしめている。また，窪田は，彼から受け取った手紙を「まことに筋のとおった，いきとどいた文意だった」[7]とほめている。吉田夫人も，「歌によって目覚めた覚さんが，遂に私共の至り得ぬ境地に至り，生命愛の人間性豊かな歌をうたいあげてくれました。……思えば，多くの方々の愛をうけ，深い心の交わりをもった覚さんは本当に幸せでございました。」[8]と述懐している。
　こころが荒れ，性格がひねくれて，手のつけられないような乱暴者であった

人間が，小学校，中学校と「低能児」といわれ，「できない子ども」として通っていたはずの島が，それ以後の出会いにより，「頭脳が明晰であり，感性が鋭敏である」人間にかくも変化するのである。本当の能力が花開いたのである。

　ということは，それまで，こころの狭い，しかも，こころのいじけた教師たちによって，不振児にさせられていたということが言える。子どもの「頭脳が明晰」で，「感性が鋭敏」で，人のこころをなごませる「人間性豊かな」天分に気づかずに，国語の成績が悪かったということのみをもって，乱暴の限りを働いた教師こそが，島秋人のこころを踏みにじり，彼を死に追いやった張本人だったといえるのではないだろうか。こころの教育がなおざりにされて，教師によるそれほどまでの虐待を受けなければ，少なくとも，こんな犯罪をおかすことはなかったのではないだろうか。

　このような教師たちにより，「教育」という名のもとに，子どもの才能をだいなしにし，子ども自身が望むもっともその子らしい生き方をゆがめてしまっていると言える。

　島には，和歌を通じて知り合った学生がおり，その学生が教師になったと聞いた時に，獄中から次のように訴えている。「教師はすべての生徒を愛さなければなりません。一人だけを暖かくしても，一人だけ冷たくしてもいけないのです。目立たない少年少女の中にも平等の愛される権利があるのです。むしろ目立った成績の秀れた生徒よりも，目立たなくて覚えていなかったという生徒の中に，いつまでも教えられた事の優しさを忘れないでいる者が多いと思います。忘れられていた人間の心の中には一つのほめられたという事が一生涯くり返えされて憶い出されて，なつかしいもの，たのしいものとしてあり，続いていて残っているのです。」(9)，と。

　この例からは，人間だれでも善くなろうという気持ちがあり，それが犯罪者となった後，再び甦ってきたことを読みとることもできる。教師は，このような，子どもの善さを信じることが肝要である。

　減点法的な見方が島のこころを踏みにじり，加点法的な見方が後々彼を救い，

彼を目覚めさせることになったのである。

このような見方は，授業のなかでも重要である。

この意味で，「生活科」や「総合的な学習の時間」における見方は重要である。

これまでの教科では，ある一定の到達水準が決まっていて，それと照らし合わせて，できないところを減点していくという教師の目（評価）があり，これが，結果として現行の評価や通知表となって，多くの子どもを不幸にしてきている現実があった。他方，生活科や総合的な学習の時間では，子どもを主体に動かす活動が重視され，その内容は多様に考えられる。ここまでは絶対に到達しなければならないという一定の到達水準はないのである。少しでも活発にさせるには，教師が子ども一人ひとりのよいところを見つけ，大いに褒め，生かしていくことが大事になってくるものである。「自分のよいところに気づき，やる気と自信をもたせ，その子らしさをつくる」というところにねらいがあるとも言える。このような学習にあっては，教師の加点法的な目が子どもの活動を生み，子どもを育てるのである。

このような生活科・総合学習的，加点法的な見方が，他の教科にも採り入れられ，これまでの減点法的な見方を変え，教育の主流になることが望まれる。

(3) 個を生かす

人は，生まれながらにして，「善」でも「悪」でも，また「白紙」でもなく，「善くなろう」として努力し続けている存在である。絶えず「善さ」を求め探りながら生きる存在である。したがって，教育において重要なことは，この「善さ」への働きを個々人において十分に発達させることである。「善さ」への働きに目覚めさせ，その働きを自覚的に推進することができるようにすることである。

この意味で，「個を生かす」ことは，学校教育における最重要課題である。

個々の子どもは，すでにその子なりの個性を持っている。「個性」は子ども

のなかに既に存在しているものであると同時に、これから培われるものでもある。この意味で、「個性」は「生かし、伸ばされる」と同時に、「培い、育てられる」ものである。このような「個性」を持つ存在が「個」である。

学校教育において「個を生かす」とは、「集団」の活動や授業のなかにおいて「個」としての子ども自身が自己を実現していくようにすることを意味する。「個を大事にする」という名目で、子どもを単なる、教師の指導目標実現の手段にすることではない。あくまでも個々の子どもの立場に立ち、子どもを目的・目標そのものにし、その自己実現を図っていくことが、「善くなろうとする」子どもを伸ばすことになる。

教師が子どもとの対話を重視し、個々に対して真摯に向き合う姿勢は、最も基本的なこととしてたいせつにされなければならない。

(4) 多様性への配慮

一般に、授業における具体的、個別的、特殊的な問題場面について考えさせる場合、その問題に即応した最終結果ないし答えをめざすというよりは、より一般的、普遍的な問題事態においても適用できるような考え方（過程——考え得る着想、及びその論理展開のあり方——）に重きをおく場合が多い。

そして、一般には、その解決方法は、優劣を別にすれば、多様にあるものである。

子どもは、とかく「一つの具体的な問題について、考え方や答えはただ一通りしかなく、答えが出れば終わりである」といった誤った考えをもちがちである。それは、教師による「求答重視の指導」によるものと考えられる。

この立場に立つ限りは、そこでは、結果だけが唯一大切なものとされ、子どもは単に知識のみを断片的に教わろうとしたり、受け身的な取り組みになったりしがちにもなるのである。

授業における追究問題に対して、子どもたちは、自分なりの論理・筋道で思考してくる。このことが実現するような指導、及び追究問題の把握のさせ方で

あるならば，その思考を通して，個々の子どもは自分なりの解法を見い出してくる。各自の思考傾向や興味・関心等も異なり，それらに応じた論理展開がなされ，結果として，個々の子どもによって異なる，多様な考えが披露されることとなる。

そして，実際の授業では，それら多様な考えに対して他の子どもたちから意見や質問（実際には，質問の形をとった意見であることが多い）が出されてくる。しかし，それらが適切に処理されることが少なく，いつの間にかそれらに押し切られたり，教師の意図に合った，都合のよいものだけが取り上げられ，他は取り上げられないまま（生かされないまま）となることが往々にして見られるのも事実である。

個々の子どもが自分なりに真剣に考え出した多様な考えを積極的に生かしていく構えが教師の側に望まれるところである。個を生かすためには，早急に個々の考えに優劣をつけてしまうことは慎まれなければならないことである。

多様性を楽しみ，みんなで鑑賞し合うアプリエイション活動としての姿勢をたいせつにしたいものである。

また，個々の子どもが，まったく異なる活動に取り組むような場合もある。教師は，「みんな違って，みんないい」[10]という眼差しで見つめ，援助していけるようにしたいものである。

(5) コミュニケーション活動の重視

これまでの授業は，ややもすると教師からの一方的な詰め込みの授業や教科書の指名読みや穴あきプリントの補充のみで進められる授業に陥りがちであった。しかし，これからの授業は，コミュニケーション活動という面からも考えていかなければならない。

授業を重要なコミュニケーションの過程として見る考え方である。

授業をコミュニケーション過程として位置づけることにより，次のことが可能となる。

① 多様・多面的な見方・考え方を伸ばす。(「こんな見方・考え方もあったのか」の気づきにより自分を拡げる)
② 友達に対する見方を拡げ，人間関係を拡げることにより，豊かな人間関係を築く。(「この人はこんな見方・考え方もするのか」の気づき)
③ コミュニケーションによる自己実現を可能にする。(コミュニケーションを愉しむことにより，自分を高める)

　大学でも，時に学生は，「コミュニケーションの過程がないとしたら，学校はつまらない。わざわざ学校へ来る意味がない。単なる学習だけなら，コンピュータ学習で自宅でもできる。」と言う。このことの意味することは重要である。

　互いに刺激し合うコミュニケーションの授業は，子どもたちに追究のエネルギーを産み出す。

　コミュニケーション活動を重視する姿勢は，次の言葉のなかにも見ることができる。

○　子どもたちが自らの体験や学びを表現し合い，相互誘発的に高まる授業。一人ひとりが集団の中に埋没せず，夢中になって話し合ったり，互いの活動を生み出したりする授業。授業のコミュニケーションが活発化すると，エネルギーが生まれる。子どもは共感の内に追求を楽しむのである。[11]

○　子どもが，自分と友の考えの違いに気づいていくなかで，友の考えのよさを認め，友の考えを自分の考えのなかに組みこんで，自分の考えを高めていく。子どもは，この学びの過程そのものに，また，友とふれ合っていくことそのものに楽しさを感じとっていく。[12]

○　教師は，ある内容の認識や判断や技能を形成する認知的活動を中心に授業を展開しているが，それと同時に，子どもと自分との関わりを築きあげたり，あるいは，子どもたちの自立的で協同的な学びの態度を形成

> したり，さらには，教師自身のあり方や生き方をそこで問い直し築きあげている。授業といういとなみは，認知的・技術的な実践と対人的・社会的な実践と自己内的・倫理的な実践という，三つの側面が複合的に絡みあったいとなみである。[13]
>
> ○ 思考の多様性を尊重し，それぞれの異質性の理解を通して，自分自身の思考を吟味し合うこと。（中略）社会的関係は，教室を「ディスコース・コミュニティ（探究し議論し合う共同体）」へと再組織する実践の方向を示している。[14]
>
> ○ 集団解決の場を充実することである。自分の持ち味を自覚し，他からよさを学ぶことにより，集団の全体がお互いを伸ばす場として機能できるようにする。[15]

(6) 自己選択の余地を残す

　子どもの思考や納得を大事にすると，授業のまとめの段階であっても，必ずしも帰着させたい結論へと全員が納得して到達するとは限らない。子ども一人ひとりが，授業場面においてみんなで検討をしながら，最終的には，自分の判断で自分のものとした考え方を選んでいくのである。

　さまざまな根拠を考え合い，聞き合ったり，さまざまな問題に適用してみたりして，最後に選ぶのはあくまでもその子ども本人である。自分のものとして真に身につくものは，自分なりの根拠をもって本当に納得したものだけである。教師の望んでいる考え方を全員が納得して選択するとは限らないのである。しかし，その子ども本人が選択した考え方は，子ども本人にとっては，その時点における最高の結論なのである。

　この意味からも，そこに到るまでの，多様な考え方の妥当性の検討や有効性の検討を通して，それぞれの考え方を理解させ，それらの考え方を自分のものにさせておくことが重要である。いろいろと学習を進めていくなかで，多様な

考え方が発表されてきた段階にまで立ち返り，自己選択を変更してくる場合は往々にして見られることだからである。

　また，このような指導は，自分を高めていくことに対する自らの責任を自覚することのできる子どもを育てていくことにも資するものである。

　新しい方法やより効率的な方法が身につかないという懸念も考えられるが，そうかと言って，納得が得られないで，むりやり教え込んでもそれは身につかないものである。また，たとえ本当に稚拙な方法を選んでしまったとしても，その方法を使っているうちに，よりよいものの価値に自分から本当に，実感をもって気づいていくようになるものである。真に理解したと言えるのは，この時である。

　このような見方は，現在のように，同じ時点で，全員同じように，同一の到達度をめざす必要もなくなりつつある生涯学習社会の考え方・方向と軌を一にするものである。

【註】
（1）　俵萌子『教師にのぞむこと——いじめ，体罰，管理教育をなくすには——』，岩波書店，1986年，p.55。
（2）　詳細に論じているものの一つとして，菅野盾樹『いじめ＝〈学級〉の人間学』，新曜社，1986年を参照。
（3）　島秋人（しま・あきと）の名は，筆名である。本名は千葉覚，旧姓中村。島秋人についての記述は，島秋人『遺愛集』，東京美術，1974年，及び伊藤隆二『育つ才能伸びる個性——世界の偉人50人の子ども時代』，PHP研究所，1990年による。島秋人については，斎藤喜博『君の可能性・なぜ学校に行くのか』，筑摩書房，1970年，pp.13-18にも詳しい。
（4）　その一つに，「温もりの残れるセーターたたむ夜　ひと日のいのち双掌に愛しむ」がある。
（5）　伊藤隆二，前掲書，p.25。
（6）　島秋人，前掲書，p.8。
（7）　同，p.6。
（8）　伊藤隆二，前掲書，pp.26-27。

(9)　同，p.211。
(10)　矢崎節夫選『金子みすゞ童謡集・わたしと小鳥とすずと』，JULA出版局，1984年，p.107。
(11)　山口大学教育学部附属光小学校『子どもとつくる"授業のコミュニケーション"』，明治図書，1996年，p.8。
(12)　佐伯胖・静岡大学教育学部附属静岡中学校『初発問―わかり合う授業の創造』，明治図書，1991年，p.8。
(13)　稲垣忠彦・佐藤学『授業研究入門』，岩波書店，1996年，pp.15-16。
(14)　同，p.20。
(15)　文部省『小学校指導書算数編』，東洋館出版社，1989年，p.180。

第3章 個を生かす指導原理

1 「個を生かす」とは

　「個を生かす」ことは，学校教育における最重要課題である。授業にあっても，その究極は，すべて「個を生かす」ことである。
　「個性を生かす教育」および「個性重視の原則」について，最近とくに強調されているところである。
　このような状況のなかで，「個」，「個性」，「個別化」，「個性化」，「個人差」，「特性」，「よさ」，「子ども一人ひとり」などの言葉が飛び交い，さらに，「個性を生かす」教育とか，「個に応じた」指導，「個に即しつつ個を生かす」，「個を伸ばす」，「個を育てる」，「個性を探らせ，個性を伸ばす」，「一人ひとりを生かす」，「個人差に応ずる」，「特性に応ずる」，「よさを伸ばす」などについて盛んに論議されているところである。
　「個性」は子どものなかに既に存在しているもであると同時に，これから培われるものでもある。この意味で，「個性」は「生かし，伸ばされる」と同時に，「培い，育てられる」ものである。このような「個性」を持つ存在が「個」である。
　ここでは，この「個」の存在全体に焦点をあて，「個を生かす」という視点から，これからの学習指導に生きて働く指導原理を明らかにし，提案することを意図するものである。
　そのため，①指導過程改善の視点から，②新しい「教科・時間」設置の視点

から，③ ATI 研究の提起するものという三つの窓口を手がかりとし，そこから「個を生かす」指導原理を取り出すこととする。

「個」は，「集団」を認めてはじめて成り立つ概念である。「個を生かす」とは，「集団」の活動としての授業のなかにおいて「個」としての子ども自身が自己を実現していくようにすることを意味する。「個を大事にする」という名目で，子どもを単なる，教師の指導目標実現の手段にすることではない。あくまでも個々の子どもの立場に立ち，子どもを目標そのものにし，その自己実現を図っていくことである。

2　解法の多様性・妥当性・有効性・自己選択性の原理
　　――指導過程改善の視点から――

(1) これまでの指導・どこが問題か

小学校算数科の授業を例に考えてみる。

一年生の「繰り下がりのあるひき算」の単元の導入で，「15－8」の計算方法を発表する場面である。

C_1　〇〇〇〇〇〇〇〇〇〇⦸⦸⦸⦸⦸　7が答えです。（数えひき法）

C_2　それは，いちいち一つずつひいていかなければならないので，面倒です。

C_3　15－5＝10，10－3＝6，答えは6です。（減々法）

C_4　10－3＝7なのに，6というのはおかしいです。

C_5　8－5＝3，10＋3＝13，答えは13です。

C_6　5から8をひく計算なのに，8から5をひくのはおかしいです。

T　では，ほかにありませんか。

C_7　10－8＝2，2＋5＝7，答えは7です。（減加法）

C_a　いいです。

解法の検討を子どもにまかせると，授業はしばしばこのように進む。

　C_1，C_3，C_5に対して，C_2，C_4，C_6の反論が出される。

　C_2では，C_1の解法の有効性が検討され，その解法が即座に否定されている。解けるという点からすれば，一つの立派な解法（数えひき法）である。

　また，C_4では，C_3の計算の妥当性が検討されて，その解法の全体が否定されている。妥当性といっても，計算の過程・結果の妥当性だけが問題なのであって，着想としては妥当な解法なのである。「10－3＝6」の不整合の部分を「10－3＝7」に正せば，過程・結果の妥当性は保証されるのである。しかも，減々法という有効な方法にもかかわらず，惜しいところである。後で，同じ減々法の解法が出される場合もあるが，C_3の解法が出た段階でつなげる配慮がなされれば，両者が生かされることにもなったのにと，悔やまれる。

　さらに，C_6では，C_5の着想の妥当性が検討され，その欠陥が指摘される。C_5の解法も，残り3をさらにひくと考えれば，上のC_3の解法に位置づけ，生かすこともできたのである。

　このような成り行きを生じたのは，なぜか。

　事前の教師の見通しが甘いためである。また，早くまとめようとして，先を急ぐからである。はたまた，個々の子どもの解法を大切にしようとする構えに欠け，子どもたちに解法の検討をまかせすぎたためである。

　そのため，解法の発表・理解の場面にもかかわらず，最初からその解法の有効性や着想・過程の妥当性をも同じレベルの問題として，一緒に検討することを許しているのである。

　これで，一人ひとりの解法を生かし，一人ひとりの解けたという喜びを保証したことになると言えるであろうか。自分のものとは異なる方法でも解けるという柔軟な見方・考え方（創造的な思考態度）に気づかせることで成功していると言えるであろうか。「一つずつとっていってもやはり7になるのだから，自分の減加法もやっぱりいいのだな。」と確信させる証拠を与えていると言えるであろうか。

これで，本当に個々の解法を生かし，個々の解法について納得のいく理解を図ることができたと言うことができるであろうか。
　否である。
　数えひき法，減加法，減々法はどれでも，解けるという点からすれば，貴重な解法であるにもかかわらず，それらについて理解させたとは言えない。[1]
　このような展開では，教師は何の指導もしていないに等しく，個を生かす学習指導からはほど遠いものとならざるを得ない。責任は，教師側にあると言える。
　これは，解けるということでは同等な三つの方法が，教師によって同等に価値のあるものという観点からは見つめられていないためである。減加法に絞ろうとする，教師側の意図があまりにも強すぎるためとも言える。
　実際の教室の指導では，このような扱い方が多かったのである。
　繰り下がりのあるひき算の場合，その計算の仕方として，子どもたちからしばしば出されてくるのが四つの方法である。それは，数えひき法，補加法（数えたし），減々法，減加法の四つである。能率的なものに絞るとしても，減々法（数えひきの発展とも言える）と減加法（補加法の発展とも言える）は残るであろう。少なくとも，この二つの方法は，有効な方法としてたいせつにしたいものである。
　しかし，現実の教室では，多くは，減加法のみしか扱っていないのである。少なくとももう一つの方法として並列に扱いたい減々法は，そこでは認められていないのである。[2]
　どんな方法でも，解けるという点では同等の価値があるのである。また，より能率的な方法として絞るにしても，減加法と減々法との場合，一概には言えない問題である。減加法と減々法は，問題における被減数と減数の二数の組み合わせの状況に応じて使いやすさの事情が変わってくるからである。したがって，個々の問題における二数の組み合わせの状況をぬきにして，どちらかに優劣の判断を下すことは，早計である。少なくとも，これらの二つの方法は，繰

り下がりのあるひき算には適切かつ有効な方法なのである。[3]

　ここには，個を生かすという視点から見て少なくとも二つの点で問題がある。一つは，子どもたちにどんな解法を出させ，それらの解法をどのような態度で扱っていくのかということである。もう一つは，それらの解法をどのように検討させていくのかということである。

　改善の方向について，以下で考えてみたい。

(2) 解法の多様性の原理

　算数・数学科でねらっているものは，「過程（解法）こそ答えである」という場面が多い。どんな問題でも，その答えが重要なのではなく，その他の類似の問題をも解くことができるようにするために，その解法，つまり，過程（考え得る着想，及びその論理展開のあり方）が重要なのである。

　そして，一般には，その解法は，優劣を別にすれば，多様にあるものである。

　子どもは，とかく「算数・数学とは，一つの具体的な問題について答えが出れば終わりである」とか，「答えや解き方はただ一通りしかない」といった誤った考えを持ちがちである。それは，従来の求答重視の指導によるものと考えられる。

　この立場に立つ限りは，そこでは，結果だけが唯一たいせつなものとされ，子どもは単に知識のみを断片的に教わろうとしたり，受け身的な取り組みになったりしがちになるのである。

　授業における追究問題に対して，子どもたちは，自分なりの論理・筋道で思考してくる。このことが実現するような指導，及び追究問題の把握のさせ方であるならば，その思考を通して，個々の子どもは自分なりの解法を見い出してくる。それらの解法は，個々の子どもによって異なる。全く異なるとか全く同じであるということはまれであるが，全体としていくつかの解法が出てくることが普通である。結果として，追究問題に対して多様な解法が出されてくることになる。

しかし，実際の授業では例に挙げたように，子どもから出される意見や質問（実際には，質問の形をとった意見であることが多い）が適切に処理されることがなく，いつの間にかそれらに押し切られたり，教師の意図に合った，都合のよいものだけが取り上げられ，他は取り上げられないまま（生かされないまま）となることが往々にして見られるのも事実である。

　個を生かす学習指導の視点から，教師はこのような多様な解法に対してどのように対処していくべきであろうか。

　授業で多様な解法を積極的に取り上げていく方向には，次のような意義があると考える。

① 　ベースの異なる一人ひとりを生かし，解ける喜びを得させることができる。
② 　自分の解法とは異なる，多様な解法に耳を傾ける活動のなかで，自分とは異なる思考パターンに目を開かせ，より広い視野に立たせたり，より創造的な思考の経験を得させたりすることができる。創造的な思考や自分とは異なる発想の仕方，より柔軟なものの見方・考え方は，このような学習経験から生まれるのである。
③ 　それぞれの解法が他の解法の妥当性を（あくまでも側面的にではあるが）裏付けるものとして機能する。
④ 　多様な解法相互のなかで，それぞれの解法のよさ（長短）への気づきを促したり，よりよい解法の価値に目覚めさせたりすることができる。[4]
⑤ 　対話（das Gespräch）の能力を助長することができる。多様な解法が出されるということのなかには，特に，対話を成立させる二要素，すなわち，納得するように話す活動と納得するまで聞き取ろうとする活動が含まれるからである。話す活動（das Sprechen）は，自分の解法を，主として自分の解法とは異なる解法を生み出した友達に対して，よく分かるように筋道立てて説明し，納得させることである。聞く活動（das Hören）は，主として自分の解法とは違う友達の解法に対して，自分の解法とは違うのに本当に解くことができるのか，どうして解くことができるのかということについて真剣に聞

き取ろうとすることである。対話によってはじめて，人間は真の自己自身になることができるのである。(5)
⑥　数学研究の本質（自由性，解法の複数性，別証明の必要性）を体験させることができる。(6)

　このような意義を自覚し，個々の子どもが自分なりに真剣に考え出した多様な解法を積極的に生かしていく構えが教師の側に望まれるところである。個を生かすためには，早急に解法に優劣をつけてしまうことは慎まれなければならないことである。

　ここでは，比較的単純に一つの解に到達すると考えられている算数・数学科を例にしてきた。

　他の教科，たとえば，一般に，多様・多面的な見方や考え方が許容される社会科や国語科の場合は，なおさらのことである。このことは，どのような教科であれ，同様に大事にされていかなければならないことである。

(3) 妥当性・有効性・自己選択性の原理

　このような多様な解法を生かしていくためには，それらの検討をどのように進めるのかということについても，教師はよく考えておく必要がある。

　先の例のように，個々の解法について子どもたちが問題にしてくるレベルは，個々に異なる。まとめると，大体，次の四つに分類できる。

① 解決のための着想に従うと解決（解）にいたるのかどうかというレベル（着想レベル）
② 着想が妥当だとすれば，その着想と解決過程（論理展開）とが整合しているかどうかのレベル（過程レベル）
③ 解決方法相互間で互いに関連する解法はどれか（共通する考えは何か）のレベル（関連・共通レベル）
④ 解決方法相互間で相対的に有効な解法はどれかのレベル（有効レベル）

　①の着想レベルでの検討とは，解法個々における着想（考え方）は追究問題

を解くのに妥当（ふさわしいもの）であるかどうかということである。

②の過程レベルの検討とは，解法個々において，その着想で取り組んだ場合に，途中の解決過程（論理展開）は妥当である（整合的である）かどうかということである。

③の関連・共通レベルでの検討とは，解法すべてを射程距離内に置き，「それらのなかに見られる共通の考え・手続きは何か」とか「解法それぞれのよさは何か」について検討をしていくものである。

④の有効レベルでの検討とは，③と同様に解法すべてを射程距離内に置き，「それらのなかから取り出せるより有効な（秀でた）解法はどれか」について検討をしていくものである。

しかし，これらは，前述のように一緒に検討できるものではない。

①と②は個々の解法における妥当性（正しさ）の問題であり，③と④は解法すべてを射程距離内においた上での相対的な関連性・有効性の問題である。したがって，少なくともこの二つの問題は，この順に，しかも別々に取り扱われなければならないことである。いきなり有効性を問題とすることにより，その解法は，たとえ着想としては望ましいものであったとしても，日の目を見ることがないままとなるからである。

したがって，解法における着想ないし解決過程（論理展開）の妥当性と解法の関連性ないし有効性とを，同じレベルの問題として区別することなく一緒にして（ごっちゃにして）検討させることをしないで，分けて進められるように配慮しなければならない。個々の子どもの解法の着想を生かした上で，よりよい解法に収束させていくステップをふむようにしたいものである。[7]

解法の妥当性の検討では，解決（解）にいたる解法はすべて認められ，それらを理解・習得させるようにしたいものである。これらは，互いに他の解法の正しさの裏付けになると同時に，互いのよさ（長短）の比較・検討をも容易にするものである。

算数・数学科では，解法の検討の場面として，このように，妥当性の検討で

認められたり補完されたりした複数の解法に対して，それだけに留まらず，新たな視点から比較・検討を促す場合がある。解法相互に見られる解法や手続きの仕方の共通性に着目してまとめ・関連づけたり，よりよい解法を選び出したりする場合である。これが，関連性・有効性の検討である。

　これら両方の場面の指導をていねいに扱うことにより，妥当性や有効性の検討を有意義に進めるばかりでなく，検討の仕方を学ばせることにもなる。[8]

　また，有効性の検討を通すなかで，最終的にどれか一つにまとめていこうとする場合，必ずしもうまくまとまらない場合も往々にしてある。このような場合，無理やり教師の考えている方向へと引っ張ることは危険である。あくまでも，それに向けて，子どもたちの納得のいく形で検討させていきたいものである。しかしながら，必ずしも帰着させたい結論へと全員が納得して到達するとは限らない。子ども一人ひとりが，これらの検討を通して，自分の判断で自分の解法として選ぶのである。

　様々な根拠を考え合い，聞き合ったり，様々な問題に適用してみたりして，最後に選ぶのはあくまでもその子ども本人である。自分のものとして真に身につくものは，自分なりの根拠をもって本当に納得したものだけである。教師の望んでいる解法を全員が納得して選択するとは限らないのである。しかし，その子ども本人が選択した解法は，子ども本人にとっては，その時点における最高の結論なのである。

　この意味からも，そこに到るまでの，解法の妥当性の検討や有効性の検討を通して，それぞれの解法や意見を理解させ，それらの解法を自分のものとして使えるようにしておくことが重要である。いろいろと問題を解いていくなかで，多様な解法が発表されてきた段階にまで立ち返り，自己選択を変更してくる場合は往々にして見られることだからである。

　また，このような指導は，自分を高めていくことに対する自らの責任を自覚することのできる子どもを育てていくことにも資するものである。

3 ゴールフリー・活動の多様化・加点法評価・授業変革の原理——新しい「教科・時間」設置の視点から——

(1) 従来の教科概念と新「教科・時間」の概念

　平成元年告示の小学校学習指導要領の改定で、これまでの社会科と理科に代わって、小学校の1，2年生に新教科「生活科」が登場してきた。そして、平成10年告示の小学校および中学校の学習指導要領の改定、さらには、平成11年告示の高等学校学習指導要領の改定により、小学校3年生以上に「総合的な学習の時間」が登場してきた。

　これらの教科および時間の登場は、これまでの教科指導に対する考え方・取り組み方に変革をもたらしている。

　これらの教科および時間は、これまでの教科とは大きく異なるものである。これらにより、教科の意味が拡張されたとも言える。[9]

　生活科を例にあげれば、まず、「目標」の記述の仕方から、大きく変化してきている。

　生活科の目標は、「具体的な活動や体験を通して、自分と身近な人々（平成10年版で追加）、社会及び自然とのかかわりに関心をもち、自分自身や自分の生活について考えさせるとともに、その過程において生活上必要な習慣や技能を身に付けさせ、自立への基礎を養う。」（傍点は池野）である。これまでの教科、たとえば、算数科は、「数量や図形についての基礎的な知識と技能を身に付け、日常の事象について見通しをもち筋道を立てて考える能力を育てるとともに、数理的な処理のよさが分かり、進んで生活に生かそうとする態度を育てる。」（傍点は池野、平成元年版）である。これらと比べて明らかなように、生活科の目標は、第一義的に知識・技能などの能力を身につけようとするこれまでの教科とは大きく異なっている。生活科では、まず第一に、具体的な活動や体験を得させることが求められているのである。

　もともと、この教科新設のねらいは、次のところにあったからである。[10]

① 小学校1・2年生に適合した教育をということで，幼稚園・保育園からの継続・接続を意図して，もっと体験的な活動を大切にするためのものが必要である。(全人的な教育を受け持つ教科の必要性)
② 今の子どもたちの生活実態からほうっておけない現実がある。(自然離れ，基本的な生活習慣や技能が劣るなど)

このようなねらいのもとに，この教科では，頭だけで学ぶのではなく，「具体的な活動や体験を重視して体全体で学ぶ」[11]ことがめざされる。めざすは，「知得」よりも「体得」なのである。[12]「遊びも学習」[13]としたところに，発想の転換がある。ここでは，これまでの教科にあった，○○のための遊び，すなわち課題遊び（手段としての遊び）とは違う遊び，すなわち，遊ぶこと自体が目的とされる自由遊びが重視されているのである。したがって，ここでは，知識として覚えていることについてのテストをすることもない。大事にされることは，体験として何をするかである。ここでは，「頭だけで物を判断するようないわゆる『優秀』な子ども」[14]よりもむしろ「行動力がたくましく動き回る子ども」[15]の方が生かされることにもなる。いわゆる逆転現象を生みやすい教科とも言える。これまでの指導とは逆なのである。

この精神を受けて，次の学習指導要領から，「総合的な学習の時間」が特設されてくる。そのねらいも，同様の趣旨のもと，次のようになっている。

(1) 自ら課題を見付け，自ら学び，自ら考え，主体的に判断し，よりよく問題を解決する資質や能力を育てること。
(2) 学び方やものの考え方を身に付け，問題の解決や探究活動に主体的，創造的に取り組む態度を育て，自己の生き方を考えることができるようにすること。

やはり，知識・技能の習得をめざす教科とは異なっている。そして，教科の方のねらいにも変化が見られるようになってきたのである。例えば，算数科で

は，ねらいのなかに，「算数的活動を通して」の文言が入ってくるようになったのである。

　また，これまでの教科との違いは，それと連動して改定された指導要録の「観点別学習状況」に示された評価の観点からも明らかである。平成3年3月13日に提出された，文部省の「小学校及び中学校の指導要録の改善に関する調査研究協力者会議」（主査・奥田真丈）による報告書「小学校及び中学校の指導要録の改善について（審議のまとめ）」によると，「観点別学習状況」の評価の観点は，基本的には，「関心・意欲・態度」，「思考・判断」，「技能・表現（又は技能）」及び「知識・理解」の四つの観点によって構成されている。しかしながら，生活科だけは，「関心・意欲・態度」，「思考・表現」，及び「気付き」の三つの観点となっている。「判断」，「技能」，「知識・理解」が消えたのである。それらに代わって，「気付き」という観点が入ってきている。これは，従来の教科で求められていた「知識・理解」とは大きく異なるものと言える。[16]

(2) ゴールフリー・活動の個性化・加点法評価の原理

　新しい「教科・時間」概念としての生活科や総合的な学習の時間においては，評価の仕方という点でも，当然従来の教科における評価とは異なるものとなる。これまでのようにある一定の到達水準・到達目標があって，それに照らして評価するという考えでは，これらの場合，対応しきれないのである。

　これまでの教科では，ある一定の到達水準が決まっていて，それと照らし合わせて，できないところを減点していくという教師の目（評価）があり，これが，結果として現行の評価や通知表となって，多くの子どもを不幸にしてきている現実があった。新「教科・時間」の趣旨からすれば，子どもを主体として動かす活動だけが求められ，活動は多様に考えられる。個々の子どもにあっては，結果として活動は個性化していくのである。個々の個性が尊重されるのである。個々別々の複線型の多様な活動が展開されることになる。ここでは，活

動の多様化，すなわち，活動の個性化がめざされているのである。そこには，一定の到達水準はないと言える。ゴールフリーの原理に貫かれる世界である。これらにおいて，子どもたちを活発にさせるには，教師が子ども一人ひとりのよいところを見つけ，大いに褒め，生かしていくことがポイントであると言える。[17]「自分のよいところに気づき，やる気と自信をもたせ，その子らしさを作る」[18]というところにねらいがあるとも言える。新「教科・時間」では，教師の，このような加点法的な目が個々の子どもを生かし，個々の子どもの活動を生み，個々の子どもを育てるのである。

　このような新「教科・時間」的，加点法的な見方は，これまでの，他の教科にも大いに取り入れていきたいところである。このような教師の構えが，これまでの評定や減点法的な見方を変え，それが教育の主流になることは大変望ましいことである。この構えは，これまでの，教師の方から一方的に教え，それをテストにより採点して，五段階の成績に振り分けるというような，教科指導に対する考え方とはまったく逆のものである。

　このような構えは，まさに，個を生かす原理として生きて働くものである。[19]

(3) 授業像・評価観の転換——授業変革の原理——

　このような評価についての考え方は，実際，指導要録においてもいくつかの画期的な変化を起こしてきたと言える。これらの変化は，生活科の登場により，これまで評価について様々に議論されてきたことの一応の結論とも言えるものである。少なくとも次の四つの変化が現れてきていると言える。

　まず第一として，「各教科の学習の記録」の欄が，「Ⅰ評定」，「Ⅱ観点別学習状況」，「Ⅲ所見」から「Ⅰ観点別学習状況」，「Ⅱ評定」，「Ⅲ所見」へと変化し，「観点別学習状況」と「評定」とが入れ代わっているのである。重点が「評定」から「観点別学習状況」へと移行したと言える。

　第二として，「観点別学習状況」における評価の観点も大きく変化している

ことが挙げられる。この観点，及びその趣旨については，「新学習指導要領に示す各教科の目標や内容を踏まえ，自ら学ぶ意欲の育成や思考力，判断力などの育成に重点を置くことが明確になるよう配慮し」（文部省初等中等教育長通知「小学校児童指導要録，中学校生徒指導要録並びに盲学校，聾学校及び養護学校の小学部児童指導要録及び中学部生徒指導要録の改訂について」（文初小第124号），平成3年3月20日），次のように改定しているのである。

従来の指導要録（算数科の場合）	平成3年改定の指導要録
知識・理解 技　　能 数学的な考え方 数量・図形に対する関心・態度	関心・意欲・態度 思考・判断 技能・表現（又は技能） 知識・理解

　ここでも，注目に値するのは，「知識・理解」と「関心・態度」とが逆転していることである。生活科の新設がきっかけとなり，上記の意向とも重なり，このような変化を生んだのである。

　これまでの項目の配置は，やはり，「知識・理解」的なものが重視され，授業がどうしても教え込み・詰め込み的なものとして考えられやすいものであった。その時の改定では，「知識・理解」の項目が最後にくることにより，その「知識・理解」のためには，前の三つのことが前提とされなければならない構成になっているのである。すなわち，この三つの過程をふむことにより，「知識・理解」に到達することができるとする構成になっているのである。

　この構成そのものがこれまでの授業を変えていく大きな力になるものと考える。

　算数科の場合で言えば，少なくとも，前の二つのものが前提とされることにより，後の二つのものが到達されるものと考える。[20]

　したがって，このことからすれば，次の段階として文科省は，逆に，学習指導要領の表現そのものを変えていくべきであると考えるが，そこまでの配慮は

未だに見えない状況である。その時改定の算数科の目標も,「数量や図形についての基礎的な知識と技能を身に付け,日常の事象について見通しをもち筋道を立てて考える能力を育てるとともに,数理的な処理のよさが分かり,進んで生活に生かそうとする態度を育てる。」となっており,授業像としてみた場合,「基礎的な知識と技能」がトップにきているため,教え込み・詰め込み的な学習が想定されやすい表現のままになっているのである。(21)

以前,私は,次のように述べたことがある。(22)

> 基礎的な知識・技能が真に身につくものとなるには,それらを産み出し,納得させていくもととなる後者(「日常の事象～」以下の部分を指す—池野)が欠くべからざるものである。後者に基づいて初めて真に基礎的な知識・技能が産み出されるのであり,また,既に獲得され,蓄積されている基礎的な知識・技能があって初めて数学的な考え方が発動され,後者の展開が図られるのである。両者は,授業においては,互いに不可欠なのである。
>
> この両者をめざす算数科授業として,次のような学習の流れを構想することとした。「関心・意欲・態度」の喚起を通して課題の問題性に気づかせ,その解決に向けて「数学的な考え方」の発現を図ることにより「知識・理解」,「技能」を新たに産み出し,更に向上的な「関心・態度」へとつないでいく過程を求めていくこととしたのである。

ここでは,まさに,その時に提示された指導要録から想定されるような授業を求めていたのである。

谷川彰英も,その改定に伴い,次のように言う。(23)

> 「知識・理解」が最後にあるということは,「知識・理解」に到達するまでには,「関心・意欲・態度」「思考・判断」「技能・表現(又は技能)」の

> 三つの観点が前提にならなければならない。言い換えれば，それら三つの観点がなければ「知識・理解」は成立しないということである。
>
> 　そして，さらに見ていくと，これらの四つの観点のパターンは授業の流れに即応していると考えられることがわかる。まず授業では子どもたちの関心・意欲・態度を喚起し問いながら，思考・判断させ，その過程で技能・表現の力をつけ，最後に知識・理解に到達するという流れである。そして，この流れをいく度となく繰り返して単元は展開される，という解釈である。いわば観点の循環的機能である。(中略——池野)スパイラル的機能と呼んでもよい。(中略——池野)
>
> 　このような考え方で，これからの学習指導が展開されたならば，従来の知育偏重の教育が少しは是正されるに違いない。

　第三として，低学年では，これまでの三段階の評定がそれになじまない生活科だけではなく，さらにはその他の教科においても，廃止されたのである。すなわち，低学年にあっては，全教科において廃止されたのである。

　第四として，所見の記述の仕方が挙げられる。所見の記述は，これまでの長所と短所の両方を記述することから「児童生徒の長所を取り上げることが基本となるようにする」[24]ことへと変化しているのである。このような改訂は，各家庭に渡される通知表にあっても望ましい変化を生じさせているものと考えられる。

　教育における新風として登場した生活科や総合的な学習の時間が，教育全体における教育の見方を変えていく原動力になるかどうかは，教育現場の今後の取り組みにかかっているとも言える。

　この意味で，平成3年の指導要録の改訂は，大きな意味をもっているのである。この精神は，平成13年4月27日の改訂でも引き継がれている。

4 個人差重視・指導方法多様化の原理
―― ATI 研究の提起するもの――

(1) ATI 研究の生まれるまで

　視聴覚教育研究の歴史を概観してみる。[25]1920年代前半に映画やスライドが教育界に普及し，その頃から「ジョンズ・ホプキンス大学研究」(1922年) や「シカゴ大学研究」(1924年)，「イーストマン研究」(1929年)，「エール大学研究」(1929年) などに見られるように，映画を中心とする実証的な研究が盛んになってくる。その流れのなかで，1930年代に入ると，映画の教育効果を検証するために，「メディア比較研究」なるものが世界各地で行われるようになる。これは，当時はまだ教育界において新参者にすぎなかった映画やスライドによる授業と，当時の伝統的な指導方法（教科書や黒板を使った講義形式）による授業とを比較し，両者による効果の差を見ようとする研究である。いわば，教育における伝統と革新の戦いとも言うべきものである。この種の研究として，「講義形式の授業」対「映画による授業」との比較実験が多く行われた。たとえば，映画による知識獲得に関する効果とか，あるいは，技能習得とか，概念形成，態度変容などにおける効果ということについて，比較研究が行われたのである。その結果，たとえば，「映画を利用すると，知識の獲得に関して，講義形式の授業による場合と比べて，二倍の学習量になる。」のような結論が得られたのである。

　この研究は，その後，さらに「利用研究」へと発展していった。1940年代のことである。同一の映画における解説の有無を，実験の変数として扱い，たとえば，「映画の利用前に五分間の主題に関する解説をおこなうと，解説なしの場合に比べて内容の理解が著しく拡大する。」というような，利用の仕方の違いによる比較研究である。[26]

　しかし，これらの研究も，1940年代の後半頃より，批判を受けることになったのである。整理すると，次の三つになる。[27]

① 学習者の発見
② メディア研究の不毛性
③ 適性処遇交互作用（ATI）の研究

　①の学習者の発見とは，視聴覚メディアによる学習効果は，そのメディアの違いというよりも，学習者の条件によって異なるとする考えである。映画による学習効果の問題を取り上げた研究では，「たとえ同一の映画であるにせよ，学習者の諸条件，例えば，知能，性格特性，学業成績，既存の態度（既有の価値観）などによって，学習効果が違ってくる。」というような研究成果が発表されるようになったからである。これまでの「メディア比較研究」の副産物という形で明らかになってきたものである。

　一例を挙げれば，「国民の誕生」という映画を使って，黒人に対する偏見を除去しようとしたアメリカでの実験がある。それによれば，視聴者の「それまでの黒人に対する態度」との関係が深く，黒人に対する偏見の強い視聴者は，その映画の視聴後，ますますその偏見の度を加えていき，逆に，黒人に好意的であった視聴者は，その好意の度をますます深めたという報告がされている。このような研究により，学習者と，映画による効果との関係は，その後の研究者に，学習者の諸条件を注目させることとなったのである。

　②のメディア研究の不毛性とは，メディアは，授業の効果に関する限り，単なる道具にしかすぎなく，実験の変数にはなり得なく，メディアよりも，メディアを通して伝達されるメッセージそのものが問題であるとする考えに基づくものである。映画とかテレビをメディアとして捉えるかぎりにおいては，授業における効果を明確にすることはできないとする考えである。

　学習効果にかかわる要因は，映画とかテレビとかという「メディアの相違というよりも，写し出された一連の画像が学習効果を左右する」[28]とし，その根拠として次のように考えるものである。「映画やテレビジョンは，一般的にいって画像を提示することのできるメディアであるが，これらは，リアルな画像，アニメーション，図表，文字などを写し出すこともある。これらによる学習効

果は，映画メディアとかテレビ・メディアとして総称されるメディアにあるのではなく，むしろ，それぞれに盛られている内容，つまり，リアルな画像とか，アニメーションとか，文字といったメッセージによって生ずるからである。」(29)，と。この場合，研究の関心となるのは，メッセージや構成技法である。(30)

これらをさらに一歩進めた研究として登場してきたのが，③の ATI（Aptitude-Treatment Interaction）の研究である。

(2) ATI 研究の誕生

ATI とは，右のグラフに示されるように，「ある適性の得点の高い子どもは，T_1 という処遇（教授方法）で教えられるときに最も良い成績になり，その適性の得点の低い子どもは，T_2 という処遇で教えられるときに最も良い成績になるという関係」(31)を意味する。言い換えると，「学習内容が同じであっても，子どもの知能，性格，興味などの適性が異なれば，授業方法などの処遇の効果が異なる」(32)現象である。(33)

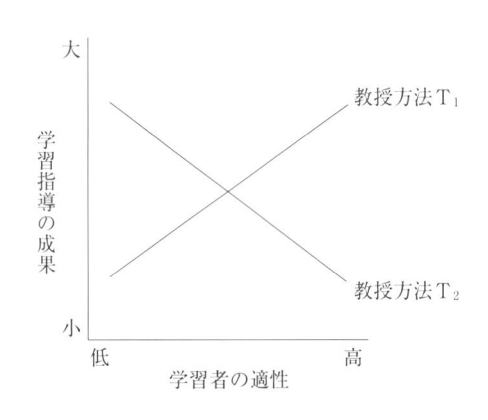

ATI は，一般には，適性処遇交互作用と訳されるが，適性とは学習者の個人差を示す様々な特性のこと（知能，学力，認知型，性格，興味，態度，不安水準など）であり，処遇とは指導方法のこと（指導方法，授業形態，教授メディア，教材，教師の特徴，学習課題(34)など）である。

この現象は，学習者の諸条件と各種の指導方法や教授メディアとの相互関係によって，学習効果が異なるという実験結果が見られるようになってきたことから，明らかになってきたものである。学習者の諸特性と，外的な働きかけと

しての処遇との間には，交互作用，いわゆる「相性」が見られることが分かったのである。

　指導方法の優劣のみが問題とされ，学習者の能力や性格と指導方法との関連はほとんど問題にされなかった，従来の教育研究とは大きく異なる研究が誕生したと言える。[35]

　この研究により，これまでに，たとえば次のようなことが分かってきている。

① 子どもの能力と指導方法との交互作用——演繹的推理能力の高い子どもは演繹的指導方法のもとで，帰納的推理能力の高い子どもは帰納的指導方法のもとで，それぞれすぐれた成績を示す。(F. J. キング・D. ロバーツ・R. P. クロップの研究，1969年)[36]

② 子どもの認知型と指導方法との交互作用——即答型の児童には説明的指導プログラムによる指導が有効に働き，熟慮型の児童には発見的指導プログラムによる指導が有効である。(松井崇浩・松浦宏の研究，1980年)[37]

③ 子どもの認知型と教師の認知型との交互作用——算数科において，問題解決の学習，及び算数的技能についての学習においては，衝動型の子どもは，熟慮型の教師よりも衝動型の教師のもとですぐれた成績を示し，熟慮型の子どもは，衝動型の教師よりも熟慮型の教師のもとですぐれた成績を示す。しかし，図形領域の学習においては，両者の間にそのようなATIの現象は見られない。(H. ラダツの研究，1979年)[38]

④ 子どもの性格と教授メディアとの交互作用——対人的積極性の高い学習者は，教師による授業から多くを学ぶが，映画による授業からは少ししか学ばない。逆に，対人的積極性の低い学習者は，映画から多く，教師から少なく学ぶ。(R. E. スノーらの研究，1965年)[39]

　このようなATIの研究により，指導にあたっては，子どもの個人差を考慮して，一斉指導における複線コース化や個別指導における指導方法の最適化が図られていかなければならないことが教育現場でも自覚されるようになってきたことは望ましいことである。

しかしながら，このATI研究も，今後の課題として，研究の量的，質的な拡大が必要である。
　量的な拡大としては，単一の種類の適性と単一の種類の処遇との間に見られるATI研究において，はっきりとした研究成果の蓄積がまだまだ図られる必要がある。「このような適性には，このような処遇がふさわしい。」と言い切れる実験データは余りにも少ないのである。また，適性と処遇の組み合わせについても，まだまだ様々なケースで確かめられる必要がある。
　石田淳一も言う。[40]

> 　子どもの個人差に応ずる指導方法を提供することができる程，はっきりしたATIを示す研究は非常に少ない。たとえATIを示しても，研究結果は必ずしも一貫したものではない。これは，授業場面を構成する条件や子どものさまざまな適性が微妙にからみあい，研究ごとに処遇との交互作用が異なっているからである。このことは，ある研究結果を他の場面にそのまま適用し，一般化することの困難さを示している。したがって，今のところ，ATI研究は特定の子どもと特定の場面に限定して研究結果を解釈すべきであろう。

並木博も言う。[41]

> 　ATIをめぐるこのような（肯定論と否定論との―池野）意見の対立は，条件統制の厳しく行われる長期間の教授処理，十分な被験者数，適切な統計学的解析等，研究方法上の改善でいずれ結着を見るものと思われる。

　質的な拡大としては，それぞれに複数の種類の適性，及び処遇の間におけるATIの現象についての研究が進められる必要がある。
　単一種類の適性（Aと非A）を扱う場合に，交互作用がはっきり認められた

第3章　個を生かす指導原理　127

としても，現実の子どもは様々な要因が複雑に組み合わさった存在であり，複数の適性との関連のなかで交互作用を認識し，指導方法を決定していかなくては使いものにならないという面があるのである。しかし，この問題は，現実には近くなるものの，見極めという点では極めて複雑であり困難なことである。

たとえば，同一の子どもに見られる適性AとBにおいて，適性Aと処遇Cの交互作用と適性Bと処遇非Cとに交互作用が見られるという場合が考えられる。実際，一つの適性Aを変数にして得られた交互作用でも，その変数に他の適性Bをからませた場合には，最初の交互作用とは異なる交互作用が得られることも多い。[42]この場合，指導方法の最適化を図るために，適性A，Bと処遇C，非Cという多次元の交互作用の研究がなされなければならないのである。

この逆も考えられる。複数の処遇次元における場合である。先に述べた例の③は，学習内容と子どもの認知型と教師の認知型という三次元の交互作用とも言える。この場合は，一つの適性と二つ処遇との関係についての交互作用である。

当然のことながら，一人の子どもに対して，様々な要因が相互に関連し合い，複合的に作用しているのである。

このように考えていくと，見極めが極めて困難だとはいえ，今後は，適性，処遇それぞれについて複数個の要因を対象とした多次元間の交互作用についても考えていかなければならない。

(3) 個人差尊重・指導方法多様化の原理

この研究から，教育現場では，今後，個を生かす原理として，次のものがクローズ・アップされてこなければならないと考える。

それは，個人差尊重の原理と指導方法多様化の原理である。

個人差尊重の原理とは，授業方法の最適化のために，絶えず個々の子どもの個人差に着目し，適性情報を把握していくことである。この原理により，個人差に配慮し，個人差を生かし，また，個人差を補い，伸ばすことが可能となるのである。

また，指導方法多様化の原理は，それぞれの教師がATIの研究から明らかなように，個人差に応じ，また，時と場合に応じ使い分けたり，多様に用意をしておくことである。教師は，指導の最適化を図るためには，指導方法（処遇）を多様に用意し，それらを使い分けていく力量をつけていくことが重要である。[43]

　これらの原理に基づき，個々の子どもの適性に指導方法を合わせていくことが可能となる。実践可能な指導の形態として，次の三つが考えられる。[44]

①	適材適育型	学習目標は全員に共通にしておいて，コースや指導方法を多様に準備して，適性に合わせていくやり方（一斉指導，個別指導）
②	適材適所型	適性ごとに学習目標とコースや指導方法を変えるやり方（個別指導が主）
③	治療教育型	適性が準備したコースや指導方法に合致しない場合，合致するような適性を育てるための指導を用意するやり方（一斉指導，個別指導）

　①，②の指導では，コース・指導方法を複線・多様化することにより，自分にふさわしいものを自分で選択し，多様な活動を展開することも可能となるのである。選択の幅が広がり，個々の子どもが自分の判断でよりふさわしい活動を選択することができるようになるのである。

　また，③の指導は，個々の子どもに欠如している，ないしは弱くて強化が必要な適性を鍛え，育てるために，あえてその適性にふさわしい処遇（指導方法）を施すことである。子どもの適性の多くは，それまでの家庭や学校での社会的経験や教育によって形成されてきたものである。[45]したがって，授業を通して，その他の適性を開発・促進することも必要なことである。

　さらに，一斉指導の授業においては，相異なる指導方法（たとえば，演繹的な指導方法と帰納的な指導方法など）を長期的な計画を見通した上で，同じよ

うな割合で取り入れていく配慮をすることも必要であると言える。このことは，①と③を意図してのことである。

　また，一斉指導において多様なコースを設け，グループを設けていく場合には，適性に応じたコースの設定やグループ編成の仕方などにも配慮していかなければならない。

【註】
（1）これら三つの方法に補加法（数えたし）の方法を加えた四つの方法の，それぞれの意味及び長所・短所の比較については，拙稿「算数・教材開発をどう進めるか3」，『授業研究』No.321，明治図書，1988年2月，pp.117-124，及び拙著『自ら考えみんなで創り上げる算数学習』，東洋館出版社，2000年，pp.126-144を参照。
（2）平成元年6月発行の『小学校指導書算数編』で，漸くこのことに関しての，次のような積極的な記述が見られるようになったことは望ましいことである。（pp.66-67）

> 　和が10以上になる加法及びその逆の減法の指導に関連して，特に減法の場合，様々な計算の仕方が考えられる。その主なものとしては，減加法と減々法がある。（中略―池野）どちらをとるかは，数の大きさに従い柔軟に対応できるようにすることを原則とするが，児童の実態に合わせて指導することが大切である。

（3）二つの方法を大事に扱おうとする記述は，三輪辰郎の文にも見られる。（三輪辰郎「1年ひき算」，『新しい算数研究』No.166，東洋館出版社，1985年1月，p.38）

> 　くり下がりのあるひき算の計算では，減加法，減々法という2つの方式が問題になる。（中略―池野）これらの長短が子供たちの討議から明らかにされていく。このように，それぞれの方式がその良さと結びついて考察され，自分たちのものとなっていく過程は，一つの方式を強制してしまうしかたとちがって，知的であり，探究的であって，望ましいものといえる。

（4）ここまでの①から④までの四点については，軌を一にするものとして清水静海と杉山吉茂の，次の記述を挙げることができる。

清水静海は，「多様なできかたを認めることのねらい」として，次の二つを挙げている。（清水静海『個性を生かす算数授業』，明治図書，1990年，p.77。ここでは，清水の記述を池野が箇条書きの形にまとめて示すこととする。類似の記述は，清水静海「子供一人一人を伸ばす算数の学習」，文部省小学校課教科調査官『教科研究の今日的課題Ⅱ』，東洋館出版社，1987年，p.88にも見られる。）

① よりよいものを生み出すための契機として重要である。
② 少なくとも二通りの異なる方法によって結果を得て，そのことにより自分の判断をより的確に，しかも正しくして，それに責任をもつ，あるいは大きな誤りを犯すまいとする，人間的なはたらきとして重要である。

杉山吉茂は，「多様な解決をさせるねらい」として，次の四つを挙げている。（杉山吉茂「多様な解法をみんなで練り上げる指導」，『新しい算数研究』No.191，東洋館出版社，1987年2月，pp.2-4。杉山の記述を池野が箇条書きの形にまとめて示すこととする。）

① 考える力，柔軟な思考をする態度を育てる。
② いろいろな数学的なアイディアを使う経験を与える。（多面的にものを見る態度）
③ 個に応じた学習を成立させる。
④ よりよいものを求める態度を育てる。

（5）詳細については，拙稿「学校教育における『対話』視点導入の意義——対話と教授の両極的全体の教育構造把握のために——」，『教育哲学研究』第43号，1981年5月，pp.47-62を参照。（本書第1部第1章に所収）

（6）この点については，古藤怜の論考に負うところが大きい。古藤は，「多様な考えの重視される理由」として，「ア）数学の本質から，イ）個性尊重の視座から，ウ）学習意欲振興の視座から，エ）練り合いの場の構成のために」の四つの点から述べている。そのア）の視座から学んだものである。（古藤怜・新潟算数教育研究会『算数科多様な考えの生かし方まとめ方』，東洋館出版社，1990年，pp.16-21を参照）

古藤は，言う。「一般の人々にとって，算数・数学の問題の答えはただ一通りであり，その解決の方法もただ一通りであると考えられている。そして数学とは，極めて抽象的，かつ形式的で融通のきかない不自由な考え方をする学科であると信じられているようである。しかしながら，数学を研究する上での本質

的な考え方の一つは，その対象及び方法に関する『自由性』にあると言える。」，と。そのことを例証するものとして，関孝和が自らの号として使っていた「自由亭」，G. カントールの言葉「数学の本質はその自由性にある。」（Das Wesen der Mathematik liegt gerade in ihrer Freiheit.），及び E. H. ムーアの主張「すべての重要な結果は，少なくとも2つの異なる方法で得られるべきである。そして，特別に重要なすべての結果は，本質的に異なる方法によって得られるべきである。」を挙げている。(前掲書，pp.16-17を参照）

なお，イ）とウ）は本稿での①と，エ）は⑤とほぼ一致すると考える。

（7） そのために，一つの試論として，予想される解法を，解決のための着想（特に期待しているものとその他の着想）と解決結果の真偽の二つの面から二次元表に整理して考察しておくことが，有効である。その詳細については，たとえば，拙稿「『授業批評』の技量がつく分析技術——指名・机間巡視のどこを分析するか——」，『現代教育科学』№416，明治図書，1991年7月，pp.40-43を参照。具体例として，たとえば，拙稿「比較・検討の段階を三つのステップに——□□＋□□の計算——」，『楽しい算数の授業』№10，明治図書，1986年12月，pp.9-13を参照。

（8） 具体例として，たとえば，拙稿「『どんな発言』がとび出せばAランクの授業か——算数『どんな発言』がとびだせばグーか——」，『授業研究』№376，明治図書，1991年12月，pp.80-85を参照。

（9） 谷川彰英は，「生活科によって授業はどう変わるか」について，次の点から述べている。(谷川彰英『生活科で授業が変わる』，明治図書，1991年，pp.21-36を参照）

① 目標優先主義と活動優先主義
② 教材と学習材・活動材
③ 発問，指示・助言，板書，指名，机間巡視の授業技術と生活科の授業技術
④ 評価——これまでの評価と生活科での評価——
⑤ 授業の見方——これまでの見方と生活科での見方——
⑥ 従来の学習指導案と新しいスタイルの学習指導案
⑦ 地域との連携——出前型と出張型——

特に④の「評価」に関しては，本稿で述べるように，その視点からこれまでの授業を変える力は大きいと考える。ここに挙げた生活科の特徴のすべてが，即，これまでの授業を変えるかどうかについては明言できない問題であるが，これらの特徴は，少なくとも，生活科の指導にあたり従来の教科と生活科との

違いとして教師が自覚して臨むべきことを的確に言い表しているものである。これらの点を見ても分かるように，生活科により，教科の概念がこれまでの教科概念だけでは捉えられないものとなっているのである。

(10) 生活科の生みの親と言われる，文部省初等中等教育局教科調査官（生活科担当）の中野重人は，生活科新設の要因として，次の四点を挙げている。（中野重人「小学校学習指導要領・社会はどう変わるか⑨・なぜ生活科なのか――二一世紀への教育を求めて――」，『教育科学社会教育』No.317，明治図書，1988年12月，pp.123-124）

> その一つは，低学年児童の発達特性に適合した教育活動ができる教科を設定するということである。発達心理学の教えるところによれば，この時期の児童は，活動と思考が一体であること，すなわち，思考が活動から分化していないところに，その特徴があるという。このことは，具体的な活動や体験を通しての総合的な指導が，この時期の教育活動に求められているということである。端的にいって，頭だけで学ぶのではなく，体全体で学ぶ教科の設定である。
>
> その二つは，幼稚園教育と小学校教育の接続・発展を図ることである。これまで，両者の断絶は，よく指摘されたところである。すなわち，幼稚園教育では遊びを中心として学習がすすめられる。（中略――池野）遊びが学習なのである。ところが，小学校では，遊びは学習として認められていない。（中略――池野）この幼稚園教育と小学校教育の断絶をどう埋めるかということである。
>
> その三つは，今日の児童の実態とそれへの対応である。端的にいって，今日の児童にあっては，顕著な二つの実態が指摘される。その一つは，自然離れということである。すなわち，今日の児童には自然との触れ合いが極めて少なくなってきているということである。（中略――池野）他の一つは，今日の児童には，日常生活に必要な生活習慣や生活技能が不足しているということである。例えば，あいさつや整理・整とんができないし，また，果物の皮もむけなければ，タオルも絞れない児童が増えているということである。（中略――池野）
>
> その四つは，これまでの低学年の社会科及び理科の学習指導の実態に対する反省である。それは，従前の社会科や理科は，ややもすると表面的な知識の伝達に陥るきらいがあったということである。また，低学年の社会

> 科や理科は，多くの教師にその指導がむずかしいといわれてきたことである。

これを簡単に箇条書きにして示せば，次の四点になる。

> ① 低学年児童の発達特性に適合した教科の設定
> ② 幼稚園教育との接続・発展を図る
> ③ 今日の児童の，二つの実態への対応
> 　ア　自然離れ
> 　イ　生活習慣や生活技能の不足
> ④ これまでの低学年の社会科と理科の指導の反省より

(11) 中野重人『生活科教育の理論と方法』，東洋館出版社，1990年，p.34。
(12) 同，pp.34-35を参照。
(13) 同，p.35。
(14) 谷川彰英，前掲書，p.54。
(15) 同上。
(16) 算数科と生活科の観点別学習状況としての評価の観点，及びその趣旨は，次の通りである。(平成3年)

教科	観点	趣　旨
算数	算数への関心・意欲・態度	数理的な事象に関心をもつとともに，数理的な処理のよさが分かり，日常の事象の考察に進んで生かそうとする。
	数学的な考え方	数量や図形についての基礎的な知識と技能の習得や活用を通して，数学的な考え方の基礎を身に付け，見通しをもち筋道を立てて考える。
	数量や図形についての表現・処理	数量や図形についての表現や処理にかかわる技能を身に付けている。
	数量や図形についての知識・理解	数量や図形についての概念，性質などについて理解している。

生活	生活への関心・意欲・態度	身近な環境や自分自身に関心をもち，進んでそれらとかかわり，楽しく学習や生活をしようとする。
	活動や体験についての思考・表現	具体的な活動や体験について，自分なりに考えたり，工夫したりして，それをすなおに表現する。
	身近な環境や自分についての気付き	具体的な活動や体験をしながら，自分と身近な社会や自然とのかかわり及び自分自身のよさなどに気付いている。

　なお，この報告を受けて，平成3年3月20日，文部省初等中等教育長により「小学校児童指導要録，中学校生徒指導要録並びに盲学校，聾学校及び養護学校の小学部児童指導要録及び中学部生徒指導要録の改訂について」（文初小第124号）の通知が出されたのである。

(17)　活動の多様性を教師が積極的に認め，対応していく配慮について，『小学校指導書生活編』において「生活科学習指導上のポイント――特に留意すべき事項――」の「児童の多様性に配慮すること」として項を設けて記述されていることは，注目に値する。(pp.61-62を参照)

(18)　中野重人，前掲書，pp.36-37を参照。

(19)　同，pp.36-38を参照。

(20)　算数科では，「思考・判断」が「数学的な考え方」，「技能・表現」が「表現・処理」となっている。

(21)　詳細は，拙稿「指導法的表記が入った意味を考える――自ら学び続けることで一貫性を――」，向山洋一編『新学習指導要領の読み方』，明治図書，1989年，pp.83-84を参照。

(22)　拙稿「自ら学ぶ力を育てる算数科授業を求めて――問題解決過程における評価活動を重視して――」，新潟教育学会『研究年報』第6号，1985年11月，p.1。

(23)　谷川彰英，前掲書，pp.96-97。

(24)　前掲の「小学校及び中学校の指導要録の改善について（審議のまとめ）」では，「Ⅱ改善の具体的事項―3『各教科の学習の記録』の欄について―④『所見』の欄について」で，次のように述べられている。

　　（前略――池野）個性を生かす教育に一層役立てる観点から，児童生徒の個人として優れた点，学習に対する意欲や態度，学習における進歩の状況など，

> 児童生徒の長所を取り上げることが基本となるようにする。

(25) 中野照海「視聴覚教育研究の課題」,大内・高桑・中野編『視聴覚教育の理論と研究』,日本放送協会,1979年,pp.304-308,中野照海「視聴覚教育の研究と評価」,野津良夫編『視聴覚教育の新しい展開』,東信堂,1989年,pp.240-259,及び,中野照海「ニューメディア時代の学習指導」,滝沢武久・東洋編『教授・学習の行動科学』,福村出版,1991年,pp.144-148を参照.

(26) この研究も,その後復活し,B.S.ブルームらの教育目標の分類の研究により,教育目標(認知領域,情意領域,精神・技能領域)との関係での利用研究が見られるようになっている。この研究によれば,たとえば,道徳などでの「態度の変容」をめざす場合の,放送番組利用の形態としては,番組視聴後の同輩による討論が必須である。(同,pp.147-148を参照)

(27) 中野照海,前掲論文「視聴覚教育の研究と評価」,pp.248-251,及び,前掲論文「視聴覚教育研究の課題」,pp.305-306を参照。

(28) 同,p.306。

(29) 同,pp.306-307。

(30) 中野照海,前掲論文「視聴覚教育の研究と評価」,p.250を参照。

(31) 多鹿秀継「ATI」,細谷・奥田・河野・今野編『新教育学大事典』第一巻,第一法規,1990年,p.208。

(32) 石田淳一「算数科におけるATI研究」,古藤怜・能田伸彦編『個に応ずる算数指導』,明治図書,1982年,pp.169-170。

(33) ATIの概念は,1957年にL.J.クロンバックによって,個人差に注目する相関心理学(差異心理学)における方法と個人差を誤差として扱う実験心理学における方法とを統合する新しい視点(研究)として提唱されたものである。(多鹿秀継,前掲書,p.208を参照)

(34) 学習者と処遇の条件に,学習課題または教育目標の条件が加わった研究を,特に,「特性・処遇・課題交互作用」(TTTI, Trait-Treatment-Task-Interaction)の研究と呼ぶ場合もある。「誰にとって」(学習者),「何にとって」(学習課題)との関係から,効果を位置づける研究である。(中野照海,前掲論文「ニューメディア時代の学習指導」,p.147,及び前掲論文「視聴覚教育の研究と評価」,p.250)

(35) 多鹿秀継,前掲書,p.208を参照。

(36) 石田淳一,前掲書,p.175を参照。

(37) 渋谷憲一「個性の評価による学習目標の達成」，前掲書『教授・学習の行動科学』，p.241，及び，石田淳一，前掲書，p.177を参照。子どもにおける熟慮型―衝動・即答型という認知スタイルが，プログラム学習における説明的プログラム―発見的プログラムという指導方法とどのように関連するかを実験し，調査したものである。ここでいう熟慮型の子どもとは，「あれこれ考えて，いくつかの考えの正しさを吟味した後に，はじめて答えを口に出すような子ども」（前掲書，p.174）のことであり，衝動・即答型の子どもとは，「すぐに思いついた答えを口に出し，誤りに気付くとすぐに別の答えを口に出すような子ども」（同上）のことである。この研究から，「説明的プログラムは，子どもが即座に答えるように教材はスモールステップで提示されるので，衝動型の子どもに有利であり，発見的プログラムは，子どもが自分で考えることを多くするために説明と例示を最小限にしたので熟慮型の子どもに有利であるという形の交互作用が生じ」（同上）たということが分かる。
(38) 同，p.178。
(39) 中野照海，前掲論文「視聴覚教育研究の課題」，p.305を参照。
(40) 石田淳一，前掲書，pp.178-179。
(41) 並木博「個性と学習指導」，前掲書『教授・学習の行動科学』，p.226。
(42) 多鹿秀継，前掲書，p.209を参照。
(43) このことは，指導方法のマンネリズムを防ぐという意味からも大切なことである。指導方法が固定化することによって，その指導方法に合わない子どもに対応した指導ができないだけでなく，授業全体にも活気が出てこなくなるという危険性をはらんでいる。逆に，指導方法が多様化することにより，様々な適性の子どもたちに対応することができると同時に，子どもたち全員を対象とした授業そのものの活気を生み出すことにもなるのである。そのためには，指導の構えにおいても，独善に陥らず，子どもの反応や他の教師に素直に学び，自分の指導を反省する目を養うことである。教師個人の指導の力量を絶えず鍛え，様々な指導方法を自分のものとしていくことが肝要である。このことにより，様々な指導方法の使い分けが可能となるのである。（しかし，教育現場には，このことを拒む，教師が陥りやすい俗説・幻想があることを忘れてはならない。詳細は，本書第Ⅰ部第4章を参照。ここでの俗説1と俗説4の克服が急務である。）

藤原喜悦も言う。（「児童の特性に応じた指導とは」，『初等教育資料』No.526，東洋館出版社，1989年1月，p.5）

> われわれ教師はとかく自分のやり方がどの子供たちにも一番よい指導だと思いこみ，そのあげくそれを一方的に強制しがちであるが，実はそうした指導が時には重大な失敗を招く危険性のあることに，十分配慮することが肝要である。(中略—池野) 指導がマンネリズムに陥ることなく，絶えず子どもの状態を見ながら，最もよいと考えられる指導方法を探究していくことである。

(44) 「適材適所型，適材適育型，治療教育型」の用語及び分類は，多田俊文の使用に従ったものである。本稿での分類・考察は，その分類の仕方に基づきながらも，個人差と指導方法多様化の二つの原理から見つめ直し，学習目標の開閉や一斉・個別指導との関連で検討したものである。(多田俊文「授業の設計」,『教育方法学』, 学芸図書, 1986年, p.95を参照)

(45) 同, p.95を参照。

第4章　活動を主体化させる授業改革

1　主体的な活動の重要性

「子どもの主体的な活動」は，どの教科にあっても，目標であると同時に手段としても大切なものである。

問題状況に対して主体的に関わり，自ら学び，自ら問題解決していこうとする態度や力は教育の目標である。中教審答申等で強調されてきた「自ら学び，自ら考える力の育成」は，まさにこのことである。そのような態度や力は，自ら主体的に問題を解決していく活動を通して培われてくるものである。

また，知識・理解や技能，考え方についても，真に生きて働く力として身についてくるものは，そのような主体的な活動を通して生み出されてきたものである。

これらの意味から，授業の過程において子どもの主体的な活動を重視することは，たいせつなことである。

2　活動を主体化させる二大要件

子どもの主体的な活動を促すために，問題解決的な授業を組織することである。そして，その授業過程において特に重視しなければならないことは，次の二つである。

(1) **問題の生成過程の改革**

算数科の例で考える。

一般によく見られるパターンとして，授業の冒頭でいきなり「おかしが13こあります。7こたべるとなんこのこるでしょう。」（1年）のような文章題が提示され，立式をして，計算の仕方を考えるというものがある。

この問題を素直に考えていけば，答えをもとめた段階で追究は終わりになってしまう。教師の心づもりは，この新しい種類の計算式（繰り下がりのあるひき算）における計算の仕方を考えさせることである。しかし，問われていることは，「残ったおかしの数」であり，どんな方法でも答えさえ出せればよいこととなる。

この文章題には，いろいろな計算方法を工夫して考えてみなければならないという必然性が見られない。この問題をほんとうに問題と感じてやってみなければと感じさせるためには，ここで取り扱う意義やこの問題の新しさに目を向けさせる必要がある。

したがって，解ければよいというのではなく，少なくとも，次のような問題意識を持たせることが重要である。

---

① これまでのひき算の式と比べて，どこが違うのだろうか。
② これまでの計算式とは異なる，一の位同士だけでひき算してもすぐに答えが出せない計算式（たとえば，13－7）でも，計算することができるのだろうか。
③ 計算できるとすれば，どのように計算したらよいのだろうか。

文章題での導入では，どんなに提示の仕方や扱い方を工夫したとしても，子どもの思考は，答えを求めなければという課題意識（問題意識にまで高まっているとは言い難い）に一番強く規定されるであろう。

しかし，ここで一番自覚してほしい問いは，②と③の問いである。

②と③の問いは，繰り下がりのあるひき算はこれまでに学習したひき算（繰り下がりのないひき算）と違っている，また，これまでのように一の位同士だけでひき算することができないという二つの自覚を前提にしている。その結果，今までの単なる応用ではできない新しい計算式がある（そして，単なる一つの計算の個別的，特殊的な解法ではなく，そのような計算式の普遍的，一般的な解法を求めていかなければならない）ということを自覚させることとなる。

　したがって，本単元で扱う計算の新しさや相違点，困難点を自覚させることが重要である。文章題を解いて答えを出すという意識よりも，今までの計算とは違う計算のやり方を考え出していこうという意識が優先されなければならないのである。

　このためには，既習事項との関わりにおいて，子どもたちに，子どもたち相互や教師と子どもたちとのコミュニケーションを通すなかで，既に子どもたちが獲得している数学的な見方・考え方や処理の仕方（既知）と新しい問題状況（未習・本習事項）との間にあるギャップ（分からなさや新しさとしての隔たり）を感得させることである。このギャップを感ずることにより，これから学習して手にする成果の数学的な位置づけのおおよそやその応用・発展への見通しにもある程度目を開かれるものとなる。

　また，このことが，既習のものと新しい問題状況との類似点や相違点に目を向けさせることとなり，「ギャップをうめたい」という解決の必要感だけでなく，更に，「やればできそうだ」という解決への見通し・糸口をももたせることを可能とするのである。

　これら，成果と解決の，二つの見通しが相まって，はじめて子どもたちの問題追究の意識が高められ，追究のエネルギーが大きくふくらむこととなるのである。主体的な解決活動はここから始まるのである。

(2)　解法の発表・練り合い過程の改革——妥当性と有効性の検討は別々に——
　また，次のような場合がある。発表，練り合いの場面である。

追究問題に対して，子どもたちは，自分なりの論理・筋道で思考してくる。それらの解法は，個々の子どもによって異なる。結果として，いくつかの解法が発表されることとなる。

　その際，子どもは，とかく，すぐに次のようなことを問題にしてくることが多い。

○　その考え方は，結論が自分のものとは異なるのでおかしい。
○　その考え方は，面倒だからよくない。
○　その考え方は，前に発表された考えより劣るのでよくない。

　これらは，子どもが結果の異同・正誤や解法相互の優劣に目を奪われてしまうからである。

　子どもは，その，不備なところやより劣っていると判断する箇所を指摘するだけで，その解法を再度見直そうとか，生かしてよりよいものに仕上げようとすることが少ない。

　それに対して，教師は，子どもから出される意見や質問を適切に処理することができなく，いつの間にかそれらに押し切られ，「解ける」という点では同等の価値のあるものがつぶされたり，教師の意図に合った，都合のよいものだけが取り上げられ，他の解法は取り上げられない（生かされない）ままとなったりする。

　このような指導の繰り返しでは，結果として，子どもたちは自分なりに主体的に考えようという意欲をそがれ，やる気を失ってしまうこととなる。

　なぜそうなってしまうのであろうか。

　それは，教師の方も，常日頃の指導において，個々の解法における結果の正誤だけを問題としたり，解法の発表・理解の場面にもかかわらず，最初から個々の解法そのものの検討（妥当性の検討）と解法相互における優劣の検討（有効性・卓越性の検討）とを区別なく，同時にしたりすることを許してしま

っているからである。

　また，課題（問題）の設定の時点で，誤った方向での提示をしている場合もしばしば見られる。最初から，「この問題を解くのにいちばんよいと思う方法を見つけなさい。」ということを加えているために，各自の考えを発表してくる時点で，子どもの方は自然と自分の考えや他の考えとその優劣を比べながら聞いてしまう。その結果，その考えは劣っているから駄目であるということになって，つぶされてしまうのである。問題設定のなかに，最初から多様な考えの優劣比較を含んでいるものである。

　このような指導で，一人ひとりの解法を生かし，一人ひとりの解けたという喜びを保証したことになるのであろうか。また，自分のものとは異なる方法でも解けるという柔軟な見方・考え方（創造的な思考態度）に気づかせることで成功しているといえるであろうか。

　否である。

　これでは，個々の解法を生かし，個々の解法について納得のいく理解を図ることができたと言うことはできない。個を生かす指導からはほど遠いものであり，責任は教師側にあると言える。

　個々の解法における妥当性（正しさ）の問題と解法すべてを射程距離内においた上での相対的な有効性の問題とは，一緒に検討できないものであり，この順に，しかも別々に取り扱われなければならないものである。

　この段階を経ることをしないで，いきなり，出された解法相互における有効性を問題とすることにより，有効性の視点から切り捨てられた，いくつかの解法は，たとえ着想としては望ましいものであったとしても，日の目を見ることがないままとなってしまうからである。

　したがって，解法における着想ないし解決過程（論理展開）の妥当性と解法の有効性とを，同じレベルの問題として区別することなく一緒にして（ごっちゃにして）検討させることをしないで，分けて進められるように配慮しなければならない。個々の子どもの解法の着想を生かした上で，よりよい解法に収束

させていくステップをふむようにしたいものである。

　授業のこのような改革を通して，子どもたちは主体的な活動へと向かうこととなるのである。

第5章 「Doする」学習と
グループ学習・活動

1 何のための「Doする学習」(活動) か

　最近の授業では,「Doする学習」が強調されている。教科特有の活動が重視された学習である。このような学習を通して,教科特有のものの見方・考え方が鍛えられるものと考える。

　例えば,小学校の算数科では,「数学する学習」(Do Math) がたいせつである。学習指導要領では,相当する用語として「算数的活動」という表現が教科の目標そのものにまで入ってきている。

　その意図・意義として考えられることを,私なりにまとめると次のことである。

○　主体的な学習活動を促す
○　愉しい授業を創る
○　実感的・納得的な理解を促す
○　「教科」を創る（例えば,算数を創る）
○　感覚を豊かにする
　（例えば,数,量や図形についての感覚を豊かにする）
○　実生活における様々な事象との関わりを意識させる

　ややもすると,授業は説明的,解説的なものに陥りやすく,チョーク＆トー

ク式なものになりがちである。かくして，子どもは真なる理解を得られないまま，授業は暗記中心のものへと変わっていくのである。

　ここでは，小学校の算数科を例に考えてみたい。

　算数科の目標に見られる「算数的活動」という表記からは，全国の教室において，各教師が上記のような詰め込み・教え込み型の授業から少しでも脱却してほしいという学習指導要領作成者の願いが読み取れる。

　しかし，「算数的活動」があまりにも強調され一人歩きしすぎると，「活動さえしていればよいのだ」と考えられがちにもなる。これでは，本末転倒であり，何のための活動かということになってしまう。何のためにやっているかわからないで，「やれと言われたから，ただやっているだけ」ということもありうるのである。これでは，「活動あって思考なし」と言われてもしかたなく，何のための算数的活動かということになる。

　算数科の授業づくりでたいせつなのは，ただ単に算数的活動を取り入れるということではなく，子どもたちが何のために今の活動があるのかをしっかりと意識しながら，問題解決に取り組むことである。一般に，「数学する」（Do Math）とか「創る算数」という活動がこれにあたる。したがって，形だけの算数的活動ではなく，自分たちの「問い」を意識した「数学する」活動，「創る算数」をめざした活動が重要である。

2　グループ学習・活動の位置づけ

　算数的活動は，「児童が目的意識をもって取り組む算数にかかわるのある様々な活動」であり，それらはそれぞれの学習場面・段階（たとえば，問題把握の段階，自力解決の段階，発表・検討・練り上げの段階，応用・発展の段階など）で考えられるものである。

　そして，それぞれについて，個人的な活動とグループ（班）での活動とが考えられる。場合により，学級全体で一つのことに向かって活動することもある。

　このことを表に表すと，次のとおりである。

学習場面	① 個　人	② グループ	③ 全　体
Ⅰ　問題把握	Ⅰ—①	Ⅰ—②	Ⅰ—③
Ⅱ　自力解決	Ⅱ—①	Ⅱ—②	Ⅱ—③
Ⅲ　発表・検討	Ⅲ—①	Ⅲ—②	Ⅲ—③
Ⅳ　応用・発展	Ⅳ—①	Ⅳ—②	Ⅳ—③

　グループでの活動は，一人ではできない場合や全体では大きすぎて個が埋没してしまう場合，問題提起のためのサンプル数をある程度制限したい場合などに効果を発揮する。グループ活動は，協同・協力関係の構築や個々人の自信の確立にも貢献する。相互にかかわりながら，お互いに刺激を受けて，各自の思考を深めることにもなる。

　グループで活動するものとして，たとえば，3年生の長さの学習では，1mものさしを何回か使って測る活動（Ⅰ・問題把握の段階）や巻き尺や回転式の距離計を使って測る活動（Ⅳ・応用・発展の段階）が考えられる。この場合，グループ学習は有効である。測る活動についても，交代で順々に取り組ませることにより，グループの成員全員に体験させたいものである。体験を繰り返すことは，量についての感覚を育てることにも通ずる。

　Ⅰ—②では，実際に共同で何かを作ったり，調査をしたりというような活動が考えられる。また，数人で取り組ませるゲームからの導入により，問題意識を醸成していく活動も，ここに位置づくものである。あるゲームを通して得点を競う点取りゲームは，それぞれのグループ内での点数の合計をもとに，全グループの点数を教材にして問題把握をさせる場合などに生かされることが多い。

　Ⅱ—②では，一人ではすこし難しい問題についてグループで解決し合う場合（ないしは，個々の解法を持ち寄り，よりよいものにまとめ上げる場合）がある。

　それとの関連において，Ⅲ—②では，特に，発表の段階として，最近の学会

でしばしば見られるようなポスターセッション風のものが考えられる。それぞれのグループが店を出し（コーナーを陣取り），自分たちはこの問題に対してこのように取り組んだということを説明するというものである。説明係と聞き合う係の両方を経験するため，前半と後半に分かれてする場合もありうる。どのグループも必ず発表することになり，自分たちの発表に対して自信をもたせるのに有効である。自分たちの考えと比べながら，ここまでは同じで，ここが違うなどということにも気づき，全体の発表の場で，うまく統合したりということもありうる。低学年段階にあっても，上手に展開することにより，時間を忘れて取り組むことがあるものである。

Ⅳ—②では，そこでの成果を応用すべく，いろいろな事象についてうまく使えるかどうかを実際にグループで調べたり確かめたりする活動が考えられる。

3　総合的な学習にも有効なグループ学習・活動

最近は，算数科の学習とは別の場面でも，算数的活動が行われることが多くなってきた。特に，総合的な学習において算数的活動としてグループ活動が展開される例は多い。

なかでも，調査的な活動とその結果を発表する場面が多く見られる。ここで重要なのは，その間をつなぐ，発表のためにいろいろと準備する場面である。発表のために，グループごとに，調査で得られたデータを整理し，よりよく伝えるために，表やグラフにまとめるものである。

特に，グラフ作成の際には，それぞれのグループで，どのように工夫したらよいかについて次のようなことについて悩み，考えることが多い。

○　どんなグラフにしたらよいだろうか。
○　一目盛りをいくつにしたらよいだろうか。
○　概数で表すために，端数処理はどの位でしたらよいだろうか。
○　極端な数値の項目があり，それを表すのに何かうまく工夫はできないだろうか。

○ ここから，どのような傾向が読み取れると結論づけることができるだろうか。
○ 今後の変化を何を根拠に，どのように予想すればよいだろうか。

　この他にも，グループでの算数的活動として，グループごとに買い出しに行く場面などが想定される。そこでは，次のようなことが算数的活動として考えられる。

○ 予算オーバーをしないためには，何円以内のものを何個買うといいのか。
○ どの店で買うと，必要としているものが予算内で手に入るのか。
○ グループで出費した分から一人あたりの費用を求めるには，どうしたらよいか。

4　グループ学習・活動における配慮事項

(1)　グループの編成方法

　グループの構成は，学習内容やねらいにもよるが，普通は，4～6人ぐらいが適当である。したがって，生活班をそのまま使うのがいちばん無理のない編成だと考える。最小単位の，隣同士の2人ペアでするという場合も少なくない。

　授業のねらいから，グループによって人数を変える場合もある。平均の授業などで，わざと人数を違えてゲームをやらせ，その総得点について「そのまま比較したのでは，もともと人数が違うのだからおかしい。」ということに気づかせるところから導入を図るような場合である。そこから，最終的に一人あたりの得点力に目を向けさせるものとなる。

(2)　校地外に出る場合の配慮事項

　体験的な算数的活動や調査的な算数的活動にあっては，教室から飛び出し，校舎・校地内外で取り組む場合が多い。

　校舎内でも同様であるが，特に校地外に出る場合には，安全に配慮し，事故防止に努めなければならないことは言うまでもないことである。特に，活動開

始前に次のようなことを確認・配慮しておくことは忘れてはならないことである。
○　グループで行動するようにする。
○　行動の仕方についての約束事・注意事項を確認する。
○　危険な場所の確認をする。
○　教職員ないしは学習ボランティアをつける。

第6章 「ドラマづくり」における時間感覚の鍛え方

1 質的な充実感を伴った時間感覚を

　時間感覚とは，ただ単に量的な時間の長さだけを感じとる感覚ではない。私は，次の二つのことを感じとる感覚であると考える。

> ○　これだけの時間があれば，どれだけのこと（内容・活動）ができるか。
> ○　これだけのこと（内容・活動）をしてきたが，それにはどれだけの時間がかかっているか。

　この両方の感覚を持つことである。前者は限られた量的時間から充実した内容・活動を組織していこうとする感覚であり，後者は充実した内容・活動から逆に量的時間を感じとる感覚である。
　時間に比してパーツとしての各内容・活動が貧弱である場合は，このままではいけないと感じとる感覚でもある。また，各内容・活動の充実度に応じて臨機に計画時間を修正・対応していくことのできる感覚でもある。
　この時間感覚が一単位時間（45ないし50分間等）の範囲内で言える場合が，一単位時間における授業過程を構成する時間感覚となる。数時間におよぶ場合は，単元を構成する時間感覚であり，一年間におよぶ場合は年間指導計画を構成する時間感覚である。
　一単位時間の時間感覚は，いくつかの分節（内容・活動）の時間感覚の総合である。一単位時間の時間感覚は，分節個々の時間感覚を持ち，それらをトー

タルして一単位時間分と感じることである。

　最近では、モジュール学習やクォーター制などの、小刻みな授業も増えてきているので、その感覚から始め、今度の授業はそのいくつ分であると捉えられるようになることもたいせつなことである。45分間の授業は3クォーターであり、4クォーターの授業は60分間であると捉えることもできる。高校では、60分授業や75分授業も見られるようになっているので、この方法で感覚をつかむこともできる。

2　四つのステップの繰り返しを

　一単位時間分（たとえば、45分）の時間感覚をいかに鍛えるかは、意識的な努力・修業をどれだけしたかにかかってくる。

　では、どのような努力・修業をしたらよいか。

　端的に言うならば、次の、四つのステップを意識的に繰り返すことである。

---

① 指導展開案を作成する。
② イメージ・トレーニングを重ねておく。
③ 授業は、チャイムで始め、チャイムで終わる。
④ 実際の時間感覚度を振り返る。

---

(1) 指導展開案を作成する

　一単位時間分の時間感覚のない人は、構想の段階においてもきちっと一単位時間分の計画を立てることはできない。

　したがって、まず第一に、一単位時間分の指導展開案を立てられることである。実際に書くことにより、自分なりの構想がより明確にもなる。

　指導展開案を作れるということは、「ドラマ」を生み出すシナリオが作れるということを意味する。しかも、実際に生み出す「ドラマ」に近い形で、できるだけ容易に作れるということが重要である。時間をかけてやっとできるよう

では，本当に時間感覚があるとは言えない。また，それでは，実際の授業でズレた場合，臨機に対応することもできない。

　研究授業を前にして，事前に指導案検討会をもつことがある。そこで，しばしば問題になることに，指導内容の盛り込み過ぎがある。私がこれまでに参画した検討会では，その逆，つまり少なすぎて困ったという経験は皆無である。

　事前に相当の教材研究を重ねたあげくに作られる指導案は，どうしても多くの内容を盛り込んでしまうものである。事前の検討会では，多くの授業者の目で子どもの立場から子どもの思考に沿って考えていくこととなる。衆知を集めて考えていけばいくほど，最後まで到達するには時間が足りないということが明確になってくるのである。

　時間感覚を鍛えるには，これらのことが自分の頭のなかだけでできるようになることである。

　したがって，計画を立てる際は，自分なりの指導内容のまとめの論理にばかりこだわるのではなく，一単位時間のなかで，本当にそこまでできるのかという点から検討して計画を立てておかなければならない。また，各分節（内容・活動）にかかる時間も明示しておく。

　子どもの思考を無視してたくさんの内容を盛り込み，指導展開案の通りに進めようとすれば，教師が強引に引っ張る授業となり，教え込みの授業に陥ってしまうこととなる。結果として，盛り上がりに欠け，「ドラマ」を生む授業とはほど遠いものとなってしまうのである。

　したがって，授業で混乱・迷走・独走しないためには，事前に，子どもの思考や考え（反応）を予想し，それらの位置づけを明確にしておくことである。どのような考えをどのように採り上げ，どのように検討させていくのかについて，自分なりの見解を明確にし，展開案に具体的に明示しておくことである。

(2) イメージ・トレーニングを重ねておく

　授業構想・授業仮説を着実に実現するために功を奏するのが，イメージ・ト

レーニングである。教師による単純なミスを防ぐためである。発問の少しのズレにより，授業が大きくズレてしまうことはよくあることである。授業の進みゆきや子どもの反応に応じての必要なる軌道修正も，しっかりとしたイメージ・トレーニングによりはじめて可能になるのである。

　長い距離を競うマラソンやスケートにおいては，ベテラン選手でさえも，実際のコースに合わせてのイメージ・トレーニングをするという。また，小さな大横綱で知られる元千代の富士は，早い時間から，その日の相手を想定しながら，何度も何度も取り口の練習をしていたという。

　指導展開案ができたら，実際にクラスの子どもたちを想定し，イメージ・トレーニングを行うのである。時間に余裕がある時は，放課後の，無人の教室のなかで，教材，教具，資料などを駆使し，板書事項にいたるまで実際にやってみるとよい。見えなかった問題点がクローズアップされ，事前に修正することにより，救われることも多い。

　そして，実際の授業に臨むのである。

(3) チャイムで始め，チャイムで終わる

　一単位時間のトータル・イメージを身につけさせるためには，一単位時間の授業時間を守ることである。授業の開始時刻に始め，終了時刻に終えることである。

　そうすることにより，次のステップで，構想のどこまでができ，どこまでができなかったのか，またそれはなぜか，どこに問題があったからかなどについて厳しく振り返ることが可能となるのである。

(4) 実際の時間感覚度を振り返る

　授業後に，指導展開案で予想・計画した各分節（内容・活動）及びその所要時間と実際のそれらとの異同について振り返り，事前の読み・計画と違っていた部分について「なぜそのような事態になったのか」について考えるのである。

子どもの思考の読みにおけズレや教師の手だての是非について検討するのである。

　実際にやってみると，いかに自分が欲張っていたかが分かるものである。机上で立てたプランと異なり，実際に子どもたちとともに創り上げようとして取り組んだ授業は意外と進まないものであるということを身をもって体験することとなる。その体験は，次の計画立案における授業展開の読みに大いに役立つものとなる。

　正確な時間や経過を後でじっくりと考察したい場合には，ICレコーダーや三脚固定式のビデオカメラ，デジカメ等を利用し，録音・録画をしておくとよい。一人で十分にできる方法である。

3　自分流の展開パターンの確立を

　以上のことを繰り返していくうちに，授業の型に対応する，自分流のパターンというものも少しずつ明らかなものとなってくる。指導内容・教材の特質や子どもの実態によって少しは違ってくるものの，自分なりに納得のいく，大体のパターンが出来上がってくるものである。

　このような自分流の展開パターンを持つことも，時間感覚を身につける方法として有効である。自分なりのパターンを持つことにより，自分のなかに基準となるモデルができる。問題解決型の授業なら，それに対応するモデルパターンを基にして考えることにより，大体の時間は読めることとなる。問題の質や子どもの実態等に応じて，時間配分を適宜調整しながら進めればよいわけである。

　このパターンは，自分なりに納得のいく，自分流の典型的なパターンであり，また，自分の十八番のパターンであるとも言える。

　授業を構想したり，展開したりする時のモデルになるものである。ただし，このモデルは，絶対不変のものとして存在するのではなく，新たな実践により，つねに検討の対象にさらされていくものでもある。

第7章 「授業崩壊」の要因と遠因

1 まず第一は教師の力量不足

　教室が荒れるという現象は、若手教師にまま見られたものであった。

　また、経験年数的にはベテランの域に含まれるものの、学級担任としては任せられないものの存在も聞かせられてきたものである。以前は、大きな学校に配属させられ、級外として専科を任され、大きな学校をたらい回しにされることが多かった。しかし、最近の少子化の影響で、大きな学校が少なくなり、担任教師の数のなかに含まざるを得ない状況となってきている。いわゆる教師不適格者と言われてきた人たちの学級でも、教室の荒れは顕著である。

　そこに共通しているのは、ともに、教師の力量という点から見て、未熟な部類に属する場合であった。

　しかし、そのような現象が、今や、これまでうまくやってきたと思われるベテラン教師の教室でも表面化し、問題視されるようになり、「学級崩壊」、「授業崩壊」、「新しい荒れ」などと呼ばれるようになってきた。このような現象は、今や、ベテラン教師の教室でも起こりうるものなのである。

　そして、最近では、ベテラン教師の場合も含めて、授業が成立しない状況を広く「授業崩壊」と呼んでいる。

　このような「授業崩壊」を生み出す直接の原因は、何と言っても、教師の力量・指導力の問題だと考える。さらに、遠因として考えなければならないことは、子どもの変容の問題と家庭教育の問題である。

2 教師の力量の問題

(1) 授業構成力

　いつになっても授業が始まらない教室がある。騒々しさがいつまでも続き、教師の指示が通らないのである。教師の行動はと言うと、指導らしきことができぬままに、時間だけが過ぎる。導入のしかたによっては、すぐに子どもが集中して動くはずなのにと思う。

　30代半ばの女性教師の教室で見たある理科の授業（小学校2年生）を挙げてみたい。授業の導入の部分は次のとおりであった。

> 最初に、各班に空の水槽に1匹ずつザリガニが入ったものを渡す。
> 教室の静けさはなかなかこない。
> 「○○くん、静かに。」
> 「○○さん、姿勢をきちんと。」
> 「手をひざの上に。」
> なかなか、授業がはじまらない。
> そして、最後には、「○○君、きちんとしなさい。とっても迷惑です。」

　これでは、○○君がかわいそうである。しかも、大勢の人たちが見ている前での指摘である。このような指導で、その子のやる気は出せるのだろうか。

　参観者や他の子どもからみても、あまり気持ちのよいものではない。ここには、「聞いてないのはその子どもが悪いから」という思想が見える。

　このことを教師の責任として自覚することによって、授業は改善されていく。低学年の場合、きちんとしたら、間をおかずに、上手につなげていくとか、子どもの興奮は最初から分かるので、ザリガニの水槽を渡す前に、適切な指示を与えておく、手を上に上げるゲームを通して水槽から離し、次の指示につなげる、……が考えられ、実施されなければならない。子どもは、少しでも間をあ

けると，すぐに動き出してしまうのである。

このような授業の繰り返しが，「授業崩壊」を生み出すのである。

(2) **学級経営力・教室経営力**

参観したある教室の掲示物の例である。

教室に，漢字テストがんばり表（合格シールが貼ってある）があった。その他，二枚位の一覧表が掲示してあった。どの子にもがんばってほしいという教師の願いから張り出されたものであろう。

このような一覧表で，果たしてどの子どもも頑張るようになるのであろうか。実は，いちばん頑張ってほしい子どもにとっては，かえって逆効果となっているのである。できない子にとっては，いくら頑張っても駄目なので，早くその表がなくなればよいと思い，それがあることにより，やる気をなくしているのである。

できる子の自慢の種にはなる。しかし，できない子どもにとっては，いつになっても，自分の欄にシールが貼られないで谷間のままになっている。しかも，ずっと掲示してある。いつになっても，その子は，うだつがあがらない。たとえ，少しはシールが貼られるようになっても，上の方にまでつながった人との差は埋まらないままなのである。一人ひとりをたいせつにすると言いながら，この一覧表を年中（ないしは，学期中）使っている教育実践は，本物ではない。

いつまでたっても貼られない子どもの気持ちになってみることである。

期間を限定して使う時には，ある程度の効果は期待できるが，長期に渡って使うことは好ましくない。みんなが簡単にできることを，期間を限って（たとえば，「この１週間は○○に頑張ろう」など），学級としての意欲高揚のために行う場合には効果があるが，それ以外は，かえって逆効果になることが多いのである。そのような配慮も，教師の力量の問題である。

子どもの人権が無視され，このような教師のもとでは，子どもの気持ちは離れていってしまう。

(3) 子どもに対する見方

　子どもに対する見方が固定的であり，現代の子どもに対する認識が不足している教師の場合も，最悪である。そのような教師は，これまでと同じようにやっていればうまくいくと考え，指導の方法を一向に変えようとしないものである。うまくいかないのは，子どもが悪いためであると短絡してしまう。

　これまでうまくやってきたと自負している教師ほど，自分がこれまでにしてきた指導方法に固執し，子どもの現実からは大きく乖離していることに気づかず，より一層子どもたちから背かれることとなっている場合が多い。

　ベテランゆえの落とし穴といえる。

　これらすべてを乗り越えた時，そこには教師としての大きな成長が約束されるのである。「学級崩壊」，「授業崩壊」は，ある意味では，教師としての危機であると同時に，飛躍のチャンスでもあるのである。

3　子どもの変容の問題

(1) 多動性傾向の子どもの増加

　「気にくわないと刻んだ紙などバラまいてしまう」，「そういうものを見ると，バラまいてみたくなり，実行する」，「落ち着きがなく興奮しやすい」，「興奮すると，授業中でも立ち歩く」，「授業中平然と席を立つ」などの子どもが増えているように感ずる。

　ストレス社会のなかに育つ子どもたちに，何らかの変容が起きている。

　すべてがADHD（注意欠陥・多動性障害）の子どもというわけではないが，それに近い多動性傾向の強い子どもたちが増えているように感ずる。

　最近の就学前児検診での様子を見ても，その感を強くする。

　ある学校での就学前児検診での話である。知能的には問題のない子どもたちであるにもかかわらず，これまでと比べて，じっとしていられない子どもたちや集団からはみ出て，逃げて喜んでいる子どもたちが増えたという。一対一で教師がつれて回る子どもが増えて，次年度の1年生担任のたいへんさが目に見

えるようであったという。

　また，普通学級における発達障害の子どもたちの問題も最近取り上げられるようになっている。各学級に６％はいるということである。そのような子どもたちを含めての授業づくりについても配慮していかなければならない。

(2) 「自由保育」教育が生み出した子どもたち

　幼稚園教育に，「自由保育」という考え方が存在する。子どもたちの興味・関心を最優先にし，個々のやりたいことに取り組ませるというものである。その時の子どもの興味・関心のおもむくままに取り組ませるために，個々バラバラのことをすることもよしとされる。自分勝手なことをしても許されるという状況を経験してくるのである。

　その結果，興味・関心のあることについては深くのめり込むが，それ以外のことに対しては関心を示さない子どもが生まれる。小学校に入っても，一斉授業のなかでみんなと一緒に取り組むことに入っていけないこととなる。

　「自由保育」のなかで一斉指導や全体指導になじめない子どもが生み出され，そのような子どもたちが小学校に入ってくる。気にいらないことに対してはまったく乗ってこない。

　多動性傾向の子どもたちや興味本位に動く子どもたちは，教師の眼から見ると，新人類や異邦人である。

　ここでは，子どもの変容について述べたが，これも子どもに対する教師側の見方が柔軟であれば，それなりに対処できることと考える。

(3) 「分かりません」と逃げる子ども

　授業中に，自分の考えたことを発表し，間違えることによって笑われるという状況がある。そのような流れのなかで，間違ったことを言って恥をかくよりも，「分かりません」と言って逃げた方が，恥をかくよりもましであると考える子どもが増えている。これは，上の学年にいくほど増えている傾向にある。

間違った考え・意見も貴重なものであり，それが契機となり，さまざまな意見を生み出したり，新たな発見につながったりということもある。したがって，そのような考え・意見を単に間違っているということで物笑いの種にすることは避けねばならないことである。教師の扱い方が重要である。

4　家庭教育の問題

(1)　しつけのできない家庭教育

　最近の親の傾向として感じられることは，子どもに甘いことがいいことであると勘違いしている場合が多い。したがって，親が子どもをしつけることができなくなっている。

　そのような家庭での扱い・指導が，けじめのない子どもたちや耐性のない子どもたちを生んでいるのである。

(2)　高学歴化が生む家庭教育のひずみ

　大学や大学院を修了した親も多くなり，学校での教師の指導を絶対視しない親も少なくない傾向にある。親の学校不信，教師不信の態度が，無意識のうちに子どもに伝染していると言える。

　PTA総会や学年・学級懇談会などで，校長や学年主任，ないしは学級担任からしばしば「学校や教師への不満や注文は，子どもの前で言わないで，直接言ってほしい」ということが告げられることがあるが，上記のことを意識しての発言であると言える。

　子どものしつけまでもを学校に押しつけながら，陰では学校の悪口・批判に終始し，子どもはそれを聞いて育つという構図が少なからず認められるところである。

　給食費や授業料の未納問題やモンスター・ペアレントの問題も，最近ではしばしば指摘されるところである。

(3) 変わる食生活

　食べ物の異変にも，遠くには関係のあるところである。落ち着きのない子どもは，カルシウムやマグネシウム，亜鉛，鉄分などの不足に原因するという。それらの不足は，イライラや無気力，ムカつきキレる，感情の不安定，根気力・持続力の欠如につながり，このことも「授業崩壊」を生むもととなり得る。

第8章　子どもの性格と「助言」の与え方

1　類型論か特性論か

　性格を見るのに，クレッチマーの分類がある。細長型，肥満型，闘士型の体格から，それぞれに分裂気質（非社交的，生真面目，内閉的），躁鬱気質（朗らか，単純，現実的，親切），粘着気質（几帳面，鈍重，頑迷）の類型を対応させたものである。

　また，ユングの，外向性と内向性の分類やガレヌスの，胆汁質（短気），多血質（陽気），憂鬱質（陰気），粘液質（鈍感）の分類などもある。

　ともに，類型化して性格を捉えるものとしてよく知られているものである。しかしながら，このような分類は，一旦その分類の枠に当てはめてしまう（範疇的分析）と，その類型に特有の特性の有無については注目されるものの，その他の特性が見失われやすくなるという面がある。また，ある型の特性のいくつかに該当するということから，その型に属する，その他の特性までをも一括持ち合わせているかのように捉えられてしまうこともある。さらに，中間型や移行型に目が向けられにくくなるという面もある。

　類型論と対象的な立場にあるのが，特性論である。オールポートやキャッテルの研究に代表されるものである。特性論は，性格を限られた少数の型に分類するのではなく，行動の諸特徴をそのままに記述しようとするものである。

　観察されたいくつかの行動の関係を説明するために個人にある一定の心理的傾向を，性格特性と言う。

基本的に，子ども一人ひとりは，どのような性格特性をも合わせ持つ可能性があり，その程度の差が個々の性格を異なるものにしているのである。個々の特性に関する個人間の相違は，程度の問題であり，質の問題とは考えない。また，その程度は固定的なものではなく，少しずつ変化していく可能性のあるものでもある。

　そして，そのような性格特性は多様に存在すると考えられる。ここでは，授業における助言のあり方に直接関わりのある特性を比較的重要ないくつかのものに絞り，それを有する子どもに対する助言のあり方について述べる。

2　性格特性からか授業過程からか

　一般には，授業過程・場面のどの段階かによって，助言を必要とする性格特性は異なる。どの段階にあっても，同じ特性の子どもが問題となるわけではない。

　したがって，ここでは，授業過程・場面の方から特にそこで問題となる特性に焦点を当て，そのような特性を有する子どもの場合に，どのような助言が必要であるかという方向から述べることとする。次のような枠組みになる。

○　このような授業過程・場面では
○　このような性格の子どもに特に配慮し
○　このような助言を与える

　授業において特に助言が必要になってくる過程は，次のような場面である。
○　個人思考の場面
○　個人作業（試行・製作）の場面
○　発表の場面
○　検討（練り上げ・練り合い）の場面

3 熟慮型か衝動型か

　個人思考や個人作業(試行・製作)の場面で問題となる特性の一つに，熟慮型か衝動型かがある。じっくり型かせっかち・ひらめき型かということである。

　衝動型の子どもは，問いかけに対しての反応は速く，すぐに手を挙げて，発表しようとする。自己顕示欲も強い。反応は速いが誤ることも多い。その反対に，反応は遅いが，誤りが少ないタイプが熟慮型である。

　熟慮型は，あれこれと考えて，いくつかの考えの正しさを吟味した後に，はじめて答えを口に出すタイプである。衝動型の場合，すぐに思いついた答えを口に出し，誤りに気づくとすぐに別の答えを口に出すようなタイプである。

　ATIの研究によれば，衝動型の子どもには，子どもが即時に答えられるように教材をスモールステップで提示する説明的プログラムが有利であり，熟慮型の子どもにとっては，自分で考える部分の多い発見的なプログラムの方が有利であるという，交互作用が明らかになっている。

　このようなことから，問題解決的な学習にあっては，衝動型の子どもに特に配慮する必要があることが分かる。衝動型の場合，とかく，ウッカリミスがつきまとう。また，ノートをすることが不得手で，あまり深く考えることをしないで，思いつきだけで反応することが多い。作業なども雑で速い。壊れやすい作品やぬり残しのある絵などは，このタイプの子どものものに多い。最後のつめや確かめをすることを嫌うタイプでもある。

　このような子どもに対しては，次のような助言がほしいところである。

○　他の状況や数値の場合でも自分の見出した方法・やり方でうまくいくかどうかについて考えるよう助言する。(場合によっては，その状況や数値を具体的に示す。)

○　別の方法やできるだけたくさんの方法を考えるよう助言する。

このような配慮は，また，じっくり型の子どもの進み具合と歩調を合わせるためにも有効である。

他方，熟慮型の子どもにあっても，衝動型とは反対に，いっこうに手がつけられなく，まったく事態が進展しないで困るという問題状況を生む場合がある。いわゆるとりかかりの遅い子どもである。熟考ばかりしていて，なかなか状況が動かないのである。このような場合には，まず実際に行動・操作させてみることがたいせつである。そこから，解決の糸口が見出されることはよくあることである。体を動かすことによって思考が動き始めるのである。

この時，次のような助言が効果的である。

○　問題場面をその通りに再現するよう助言する。

○　ノートに絵で再現したり，材料や道具を実際に動かしたりするように助言する。

4　傷つきやすいタイプか傷つきにくいタイプか

また，プライド（自尊心）が高く，恥を重んじるタイプか否かという特性がある。傷つきやすい・場依存型か傷つきにくい・無頓着型かと言うことである。

自尊心の高いタイプは，ちょっとしたミスでも，人前でストレートに指摘されると傷つくタイプである。このようなタイプの場合，ウッカリミスなどは，机間巡視の際に，次のようにこっそりと指摘してやるのが効果的である。

○　その部分を指差し，再考を促すよう助言する。（たとえば，「この単位で，うまくいくかな。」など）

この個人思考場面では，その他，分析型か非分析型（推論型，関係型など）かというような観点からも，子どもの状況を把握し，対処していくことが必要

である。

5　外向型か内向型か

　発表・検討の場面にあっては，外向型か内向型かということが特に問題となる。

　別の言葉で言えば，社交性・冒険好き・勇気・でしゃばり・話し好き型かはにかみ・内気・臆病・遠慮・内省・慎み型かという言葉で表される特性である。前述の，プライド特性とも関連するものである。

　外向型は，心的エネルギーが外に向き，発散・開放的で，情緒表出が活発であり，快活，社交的で，決断が早い。それに対して，内向型は，心的エネルギーが内面に向かい，自己に関心が集中し，非社交的，内気，控え目で，行為に先立って熟慮し，自分の殻に閉じこもるタイプである。不安傾向の強い子どもである。

　一般に，内向型には演繹的な学習が適し，外向型には帰納的・発見的な学習が適していると言われる。

　問題解決的・発見的な学習での発表・検討場面で特に配慮を要するタイプは，内向型である。

　ノートにはきちんと自分の考えが書かれていることが多いのであるが，人前での発表となるとうまくいかない子どもである。片言の発表で終わる場合が多い。

　このような子どもの場合，一人で発表することを強要することは自信喪失を増幅させることとなる。特別に配慮し，次のような助言を与えるようにしたいものである。

　○　ノートした記述部分を読むよう助言したり，意を組みながら助言を与え，補足したりしてやる。

片言の発表でも，本人にとっては渾身の力を振り絞っての一大事業である。たとえ援助を得たとしても，それがうまくいけば，自分でできたと感じる子どもでもある。この体験はその子にとって大きな自信となり，それが次の発展・飛躍をも可能にしていくのである。

　また，このタイプは，報酬や外的強化が有効である。正しい答えの時はもちろん，たとえ間違った答えを発表してきたとしても，その本人の努力を人前で認めてやることにやり，自信とやる気を持つようになる。言葉による賞賛が重要である。子どもは，言葉による賞賛を通して，本当に認められたと感ずるものである。

第Ⅲ部

授業の教授学的検討

第1章 「分数のわり算」（6年）の教授学的検討

　6年「分数のわり算」は，小学校算数科において難教材と言われるものの一つである。

　教える教師の立場からも「分数のわり算」は教えにくい内容であり，子どもから見てもなかなか理解し難いものである。そのため，教師は分数のわり算の計算は「わる数をひっくり返してかければ答えが出る」ということを覚えさせ，使えるようにさせることが大事であると考え，それに奔走する場合がしばしば見られる。その方法が成り立つ根拠を理解させることなく，ただやみくもに子どもたちに覚えさせ，使えるまで練習させるものである。

　子どもたちに算数する（Do Math）力をつけるためには，教師はこのような指導から脱して，既習事項や「分数でわること」の意味の理解に基づいて，分数のわり算の計算の仕方を子どもたち自身が創り出していくような指導を実現するようにしなければならない。

　ここでは，既習事項を用いて，分数のわり算の計算の仕方を子どもたちに創らせようとした一つの実践を取り上げ，それを教授学的に検討し，分数のわり算の，よりよい指導のあり方を究明しようとするものである。

1 「分数でわること」の意味

　「分数のわり算」（6年）のすぐれた授業報告がある。中村享史のものである。[1]

　私なりに，その授業を分節化し，記述から分かる教師の働きかけ・活動を列

挙すると，次のようになる。

---

① 算数の時間の累積回数を書く。(何回目か)
② 既習の分数計算を想起させ，「分数÷分数」が未習であることに気づかせる。
③ わり算と関連する計算について問う。(かけ算の逆)
④ $\frac{4}{5} \times \frac{2}{3}$ の計算をさせ，そこから逆順のわり算を作る。
⑤ 課題「$\frac{8}{15} \div \frac{2}{3}$ の計算の仕方を考えよう」を提示する。
⑥ わり算の式の関係を対応数直線の図に表す。
⑦ 計算方法を考えさせる。(机間巡視)
⑧ 四人の児童に板書させながら発表させる。(記述する場所を指示)
⑨ 考えの筋道を言葉で表現させ，それを板書する。
⑩ 個々の考えの根拠を端的な表現で書く。(①M児，②A児・T児の方法)
⑪ E児の発言から新しい問い「この方法はいつでも使えるのか」を提示する。(有効性の検討)
⑫ 新しい問い「これらの方法が同じと見られないか」を提示する。(共通性の検討により，「ひっくり返してかける」方法にまとめる)

これにより，授業の大体の流れが明確になる。

この授業について，中村は言う。(2)

(前略) 分数のわり算の計算方法を考えるとき，「わる数をひっくり返してかければ答えが出る」ことを覚えるのではない。既習事項を用いて，分数の計算の仕方を子どもがつくり出すことに重点が置かれる。

新しい計算方法を，それが成り立つ根拠を理解することなく，頭から覚える

ことは算数する力を鍛えることにはならず，単なる暗記力の問題である。また，この場合，既習の学習内容から数学的に考え出すことも十分に可能である。したがって，その計算方法をこのように子どもが創り出すことは大事にされなければならない。

　まず，分数のわり算の意味理解のさせ方についてみる。

　主に第3，4，6分節に関係する場面である。

　それに先立つ第2分節は，次のとおりである。[3]

> 〈既習事項を書く〉
>
> 　分数のわり算の授業では，今までに学習した内容を明らかにした。
>
> 　分数の計算では，今までに，
>
> > たし算
> > ひき算
> > かけ算（分数×分数，分数×整数）
> > わり算（分数÷整数）
>
> を学習していることを子どもの発言にそって板書する。そこから，分数÷分数の計算が未習であることが分かる。

　この部分から，以下のことが分かる。

　既習事項に分数のわり算として挙がっているものは，「分数÷整数」のみである。したがって，「÷分数」の学習としてははじめての学習である。「÷分数」の学習においては，一般的には「整数÷分数」から導入することが多い。しかし，本実践では，その方向からの進みゆきをしてはいないということが分かる。

　「÷分数」の学習として「分数÷分数」からの導入を図ったということは，

「整数÷分数」の学習経験をさせないで，その学習をオミットしたということである。このような扱いは，かけ算の場合も同様のようであり，それとの整合をつけた形になっているとも言えるが，このような導入は子どもにとってかなりの飛躍があるものである。

第2分節に続く，第3分節から第6分節の場面を，中村は次のように記述している。[4]

〔第3分節―池野〕

わり算は，どの計算と関連するかを問う。その際，12÷3のように整数のわり算などを思い出す。わり算は，3×□＝12の□にあてはまる数を求める計算である。すなわち，わり算はかけ算の逆であることが，今までの学習から分かる。

〔第4分節―池野〕

そこで，分数÷分数の計算は，分数×分数の計算と関連づけて考えることにする。

まず，$\frac{4}{5}\times\frac{2}{3}$の計算をする。これは既習なのですぐに答えを求めることができる。

$\frac{4}{5}\times\frac{2}{3}=\frac{8}{15}$であることが分かる。かけ算とわり算の関係から，「$\frac{8}{15}\div\frac{2}{3}=\frac{4}{5}$になるはず」という仮説が成り立つ。

$$\frac{4}{5}\times\frac{2}{3}=\frac{8}{15} \rightarrow \frac{8}{15}\div\frac{2}{3}=\frac{4}{5}$$
になるはず。

〔第五分節―池野〕

〈課題を明確に書く〉

既習事項から，新しい課題が生まれる。

$\boxed{\dfrac{8}{15} \div \dfrac{2}{3} \text{の計算の仕方を考えよう。}}$

ここでは，わり算はかけ算の逆ということから，答えは$\dfrac{4}{5}$と分かっている。既習事項から生まれた課題のよさである。

この課題は，全員の子どもが分かるように，色チョークや枠囲みなどの工夫をして明確に書く。

〔第6分節―池野〕

〈数直線などの図を書く〉

まず，わり算の意味を考える。分数でわることの意味を数直線によって明らかにする。この授業は，文章題を解決する問題ではないので，分数でわることの意味を一層明らかにしておく必要がある。

数直線は，黒板に子どもたちが書く。これは，分数のかけ算や小数のわり算の時も同じように書いている。

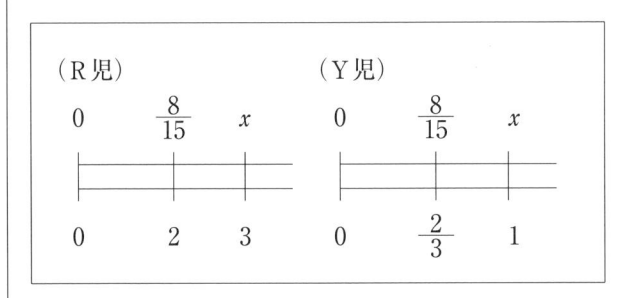

```
（R児）                    （Y児）
 0    8/15    x            0    8/15    x
 |—————|—————|              |—————|—————|
 0     2     3             0    2/3    1
```

二人の書いた数直線は，かけ算で表すと

$$x \times \dfrac{2}{3} = \dfrac{8}{15}$$

となり，xを求めるには，

$$\dfrac{8}{15} \div \dfrac{2}{3}$$

> という分数のわり算の式になることを意味している。また，はじめに考えた分数のかけ算から，x の値は $\frac{4}{5}$ になることが分かっている。R児の数直線は，3を1としたとき，2は $\frac{2}{3}$ にあたるという割合の考え方が背景にある。

以上が，「÷分数」の導入の授業の進みゆきである。

「÷整数」と「÷分数」の間には大きなギャップがある。

「÷整数」の場合には，被除数が分数であるとはいえ，それまでの「整数÷整数」及び「小数÷整数」の延長線上にある。それまでの等分除と包含除の考えで処理することができ，基本的にはある単位分数をもとに考えさせることにより，比較的容易に計算することができるものである。

それに対して，「÷分数」では，「分数でわること」は新しい経験であり，「分数でわることの意味」が問われなければならない。この意味で，「÷分数」の導入にあっては，その意味理解がキーポイントである。

「÷分数」のわり算の意味指導として子どもたちに捉えさせなければならないことは，次のことであると考える。

> ① 「÷分数」になるわり算が現実に存在するということ（存在可能性，根拠）
> ② 「÷分数」のわり算になる場面が二種類あるということ（どのようなタイプの問題があるのか――2タイプへの気づき）

現実の問題として，そのような式になる場面があるのかどうかということが分からなければ，その計算方法を考えさせてみても，小学校段階では意味がなく，したがって考える意欲もわきにくい。

子どもにとって算数は単に抽象の世界に遊ぶものではないのである。計算の領域においては，より現実的に意味のある場面が重要である。

かけ算と関連させ，かけ算式から導入を図る方向は面白い。しかし，そこから，さらにわり算には二つの場合があることについて想起させ，押さえておかなければ，「÷分数」のわり算の場面を理解したことにはならない。

　二つとは，等分除的除法（等分除の拡張）と包含除的除法（包含除の拡張）である。

　「÷分数」の意味を理解させるためには，少なくともこの二つの場合があることを分からせる必要がある。

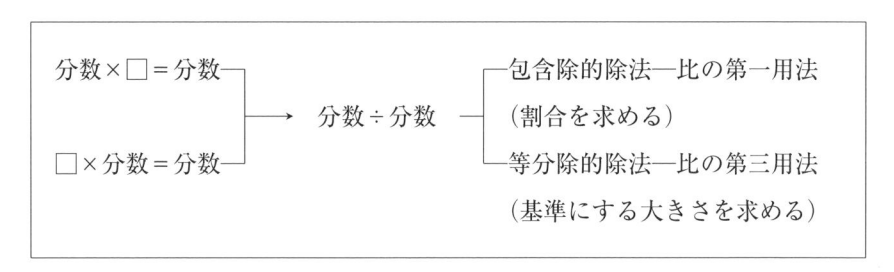

```
分数×□＝分数 ┐                    ┌─ 包含除的除法 ─ 比の第一用法
             ├→ 分数÷分数 ─┤        （割合を求める）
□×分数＝分数 ┘                    └─ 等分除的除法 ─ 比の第三用法
                                      （基準にする大きさを求める）
```

　前者のかけ算（上）の逆が包含除的除法であり，後者のかけ算（下）の逆が等分除的除法である。

　包含除的除法は割合を求める場合（比の第一用法）であり，等分除的除法は基準にする大きさを求める場合（比の第三用法）である。

　等分除的除法で言えば，あるもの1あたりの量で$\frac{4}{5}$になるものを，$\frac{2}{3}$あたりではどれくらいかという時に$\frac{8}{15}$になったかけ算の場面を念頭に置いた時，わり算の場合には，逆に，最初の1あたり量が不明で，それを調べるという場面であるということを単位を交えて認識させることができれば望ましい。このような場面は，現実にありうる場面である。

　例えば，次のような場面が考えられる。

---

① $\frac{2}{3}$mの重さが$\frac{8}{15}$kgの棒がある。このとき，1mの棒の重さは何kgか。
　　（等分除的除法）

② 1mの重さが$\frac{2}{3}$kgの棒がある。このとき，$\frac{8}{15}$kgは何mか。（包含除

的除法）

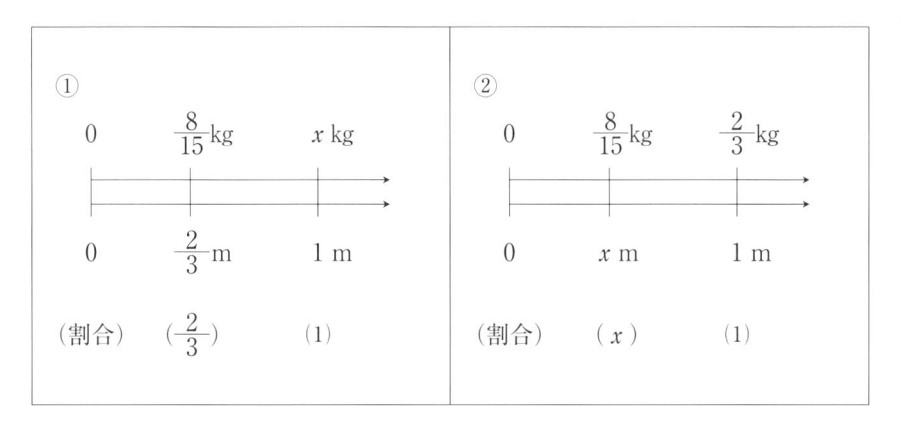

対応数直線で表すと，次のようになる。

①
0　　　$\frac{8}{15}$kg　　　x kg

0　　　$\frac{2}{3}$m　　　1 m

（割合）　$(\frac{2}{3})$　　　(1)

②
0　　　$\frac{8}{15}$kg　　　$\frac{2}{3}$kg

0　　　x m　　　1 m

（割合）　(x)　　　(1)

　計算の仕方を考える場合にも，具体的な場面を想起させ，そのような場面の共通理解のもとで進める方が，子どもたちにとってより容易になると言える。
　例えば，①の場合（1 mの基準量を求める場合）であれば，具体的なイメージと結んで考えることができ，子どもたちは次のような考えにたどりつく。

○　$\frac{1}{3}$m分を出してから1 m分を出す
　　（$\frac{8}{15}$を2でわり，3倍して1あたり分を出す）
○　2 m分を出してから1 m分を出す
　　（$\frac{8}{15}$を3倍しておいて，その後2でわって1あたり分を出す）

　さらに，単位がつけられていることによって，使用されている分数の数値にもよるが，子どもたちにとって，下位単位に直してみるという方法を通して答えを見いだす方法を考えたり，他の方法・結果の妥当性を確かめたりすることも可能となる。
　このような，二種類の除法の意味を理解させるには，前もって一時間は確保

する必要があると考える。[5]

　また，扱う数値も，理解のさせやすさからすれば，「整数÷分数」からの導入が理想である。二種類の除法の意味を理解させる場合，特に包含除的除法（比の第一用法）においては「整数÷分数（真分数）」の場合の方が容易である。中村実践のように，「分数÷分数」の場合，すなわち両数が分数（真分数）の場合には，下の図のように二通りの場合が考えられ，両者の大小関係をすぐに判断して数直線に表すことも難しく，また，被除数が除数を包含する関係になるとは限らないことが多い。[6]除数の方が被除数よりも大きくなる場合については小数のわり算で一応扱ってはいるものの，抵抗のある子どもは少なくないものである。

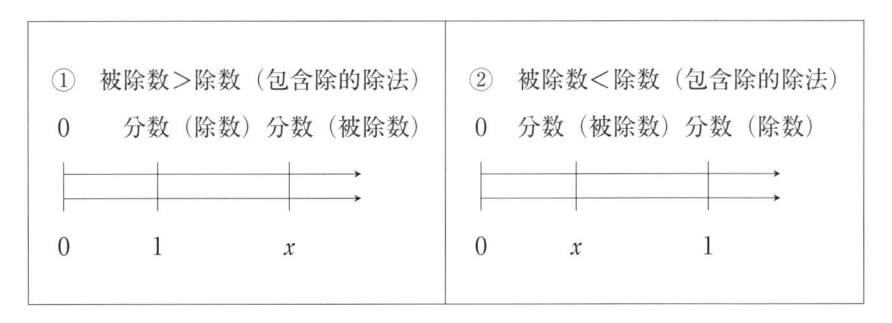

```
① 被除数＞除数（包含除的除法）    ② 被除数＜除数（包含除的除法）
0     分数（除数）分数（被除数）    0    分数（被除数）分数（除数）
├─────┼──────────┼──────→        ├────────┼──────────┼──→
0     1          x                0        x          1
```

　すなわち，除数と被除数の大小関係が明確でない場合，子どもたちは次のような状況で迷うのである（除数を先に書き込んだ場合〈被除数が先の場合も同様〉）。

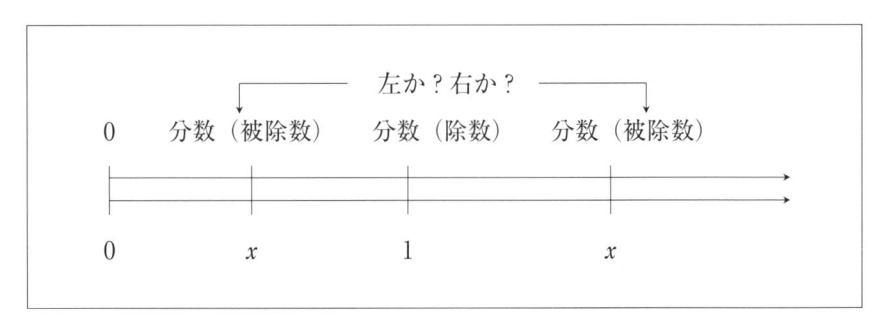

```
                    ┌──── 左か？右か？ ────┐
                    ↓                      ↓
0    分数（被除数）   分数（除数）    分数（被除数）
├─────────┼──────────┼──────────┼──────→
0         x          1          x
```

「整数÷分数（真分数）」の場合には，被除数の方が除数より大きくなり，被除数が除数を包含する関係になり，それまでのわり算との関連がつけやすいと言える。整数値のなかに真分数の大きさがいくつ分含まれるかという見方ができるからである。[7]この場合，小数のわり算との類推（この場合は，単位小数をもとにすると「整数÷整数」と見なすことができる）から，単位分数をもとにすれば「整数÷整数」と見なして計算することができることとなる。

　この意味からも，「÷分数」の意味理解の指導にあっては「整数÷分数」からの導入が望まれるところである。対応数直線で示すと，次のような二つの場面が考えられる。

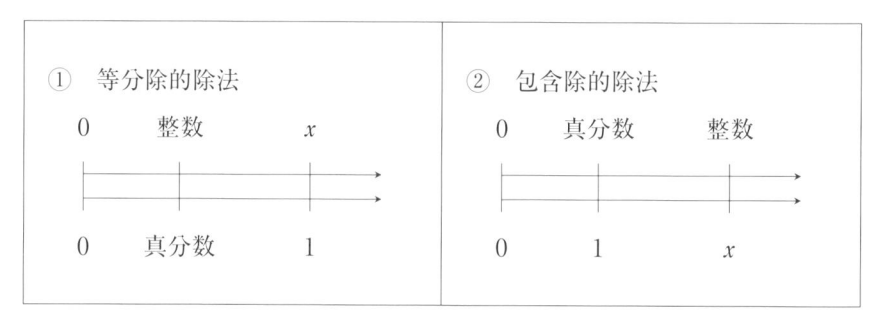

```
┌─────────────────────────┬─────────────────────────┐
│ ① 等分除的除法           │ ② 包含除的除法           │
│   0    整数     x        │   0    真分数   整数     │
│   ├────┼────┼───→       │   ├────┼────┼───→       │
│   ├────┼────┼───→       │   ├────┼────┼───→       │
│   0   真分数    1        │   0     1      x         │
└─────────────────────────┴─────────────────────────┘
```

第6分節で，中村は言う。[8]

> まず，わり算の意味を考える。分数でわることの意味を数直線によって明らかにする。

　数直線を使って，分数でわることの意味を理解させると言う。
　果たしてそれだけで十分であろうか。
　数直線を使うことにより，分数のかけ算の逆ということは分かる。しかし，それだけでは，分数のわり算になる現実の場面の存在可能性は明確にはならない。単位のついた現実の場面が明確になることによって，子どもたちは計算の仕方についてもより考えやすくなるものとなる。

中村は，続けて言う。(9)

> この授業は，文章題を解決する問題ではないので，分数でわることの意味を一層明らかにしておく必要がある。

「文章題を解決する云々」よりも，はじめての導入という意味で重要なのである。ここでの文章題の意味も不明である。分数でわることの意味をそんなに重視しないという段階でのものということからすると，すでに分数でわることの意味が分かっている段階での応用問題ということであろうか。

分数でわることの意味は，文章題，すなわち現実問題として考えられる問題状況との対応においてより一層明確になるものと考える。

検討事例では，数直線により単にかけ算の逆になる場面を見せているだけである。そのようなわり算になる実際の場面の存在可能性を見せているとはいいがたい。

加えて，5年の小数のわり算での意味理解とも関連させて指導すれば，理解はより一層容易になるものと考える。

分数のわり算の意味も理解しないうちに，計算の仕方を考えさせることには無理がある。数式の，単なる形式的な操作に終始する恐れがある。

M児やA児の説明は，その最たるものである。

M児は，①の方法の根拠を次のように説明する。(10)

> 「わり算はかけ算の逆でできるから，分数のかけ算の時は，分子どうし分母どうしをかけたから，わり算では，分子どうし分母どうしをわればいいと思いました」

A児は，②の，ひっくり返してかけることの根拠を次のように説明する。(11)

> 「はじめに答えが $\frac{4}{5}$ と分かっているので，わる数をひっくり返してかけてみたら，答えがちょうど $\frac{4}{5}$ になったのでこの方法でもいいと思いました」

　また，第3分節で想起のわり算と第4，6分節で取り上げてきたわり算とを単純につなげているところは，不自然である。前者の例は $3 \times \square = 12$ で，割合部分を求める包含除のわり算式であり，後者のものは基準の大きさを求める等分除的除法である。後者のものと整合した例を持ってくるならば，$\square \times 3 = 12$ でなければならないはずである。

2　対応数直線の扱い方

　第6分節である。対応数直線を使ってわり算になることを説明している場面がある。

　対応数直線として，まずR児のものを取り上げている。次の図である。[12]

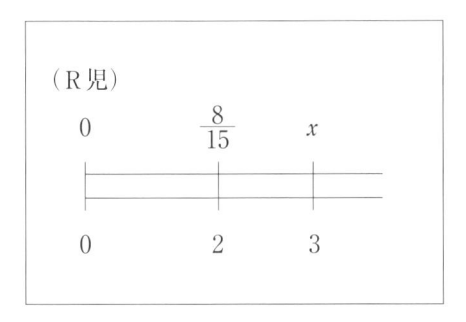

```
（R児）
0        8/15     x
├────────┼────────┤
0         2       3
```

　分数のわり算を自覚させるのに，R児のものは高度・難解である。
　2と3とでは基準が明確でなく，どちらも基準になりやすいため，Y児のものよりも高度である。3を基準とした時にのみ，Y児と同じ構造になる。
　素直に行くならば，R児のものよりもY児のものから入りたいところである。そのあたりの実際の発問及び進みゆきは不明ではあるものの，支援活動として最低限，次の構造を板書し確認させておきたいところである。

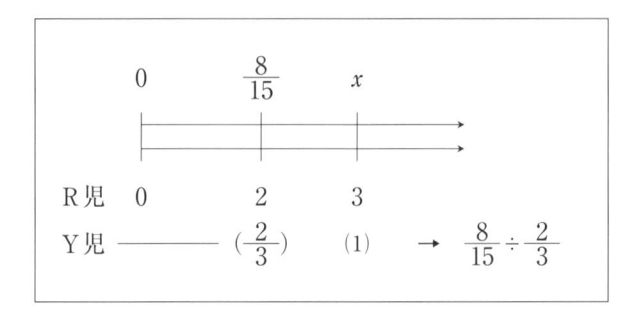

```
            8
            ──
            15     x
  0    ├────┼─────┼───→
       │    │     │

R児   0    2     3
Y児 ────   (2/3)  (1)  →  8/15 ÷ 2/3
```

また，この場合，基準の捉え方によってかけ算で求められる場合とわり算で求められる場合の二通りがあることも押さえておきたいものである。図で示すと，次のようになる。

R児の対応数直線の図は，2をもとに考えれば，分数のかけ算の問題にもな

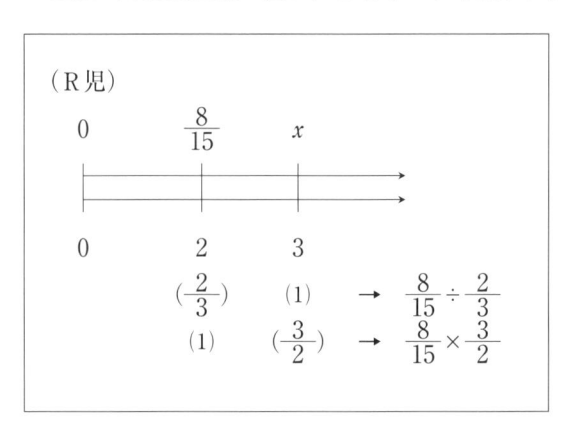

```
(R児)
             8
            ──
            15     x
  0    ├────┼─────┼───→

  0    2     3
       (2/3)  (1)   →  8/15 ÷ 2/3
       (1)   (3/2)  →  8/15 × 3/2
```

る。3をもとに考えた時にのみ，Y児の図と同じ構造になるのである。

うまく行けば，両者の関係を終末でつなげてみせることもできる。3をもとにすれば，

$$\frac{8}{15} \div \frac{2}{3}$$

となり，2をもとにすれば，

$$\frac{8}{15} \times \frac{3}{2}$$

となることから，

$$\frac{8}{15} \div \frac{2}{3} = \frac{8}{15} \times \frac{3}{2}$$

ということが言えるのである。

```
($\frac{2}{3}$)   (1)    →    $\frac{8}{15} \div \frac{2}{3}$
  ↓       ↓
 (1)   ($\frac{3}{2}$)   →    $\frac{8}{15} \times \frac{3}{2}$
```

　授業のまとめ部分で，この関係からも，分数のわり算は除数部分を1にする（1化する）ということや除数を1にするためには除数の逆数をかければよいということが分かることを押さえることも可能となるのである。

3　根拠の確認だけでよいのか

　中村は，言う。[13]

〔第7分節―池野〕
　ここで子どもたちは，自分のノートに課題の解決方法を書き始める。教師は，一斉の話し合いでどのアイディアを提示するか，どのように対立や葛藤を生ませるかなどを考え，子どもの解決の様子をノート記述から読み取る。

〔第8分節―池野〕
〈発表する考えは子どもが書く〉
　子どもが自分の考えを発表する時，黒板を使う。黒板は自分のノートと同じように使う。

解決の方法を黒板に書きながら，自分の考えを発表する。教師は，子どもに考えを書く位置を示すだけである。

(M児) ①

$$\frac{8 \div 2}{15 \div 3} = \frac{4}{5}$$

(A児) ②

$$\frac{8}{15} \div \frac{2}{3} = \frac{8}{15} \times \frac{3}{2} = \frac{\overset{4}{\cancel{8}} \times \overset{1}{\cancel{3}}}{\underset{5}{\cancel{15}} \times \underset{1}{\cancel{2}}} = \frac{4}{5}$$

(K児) ③

$$\left(\frac{8}{15} \times 3\right) \div \left(\frac{2}{3} \times 3\right) = \frac{\overset{8}{\cancel{24}} \div \overset{2}{\cancel{6}}}{\underset{5}{\cancel{15}} \div \underset{1}{\cancel{3}}}$$

$$= \frac{8}{5} \div 2 = \frac{\overset{4}{\cancel{8}}}{5 \times \underset{1}{\cancel{2}}} = \frac{4}{5}$$

(Y児) ④

$$\left(\frac{8}{15} \times 15\right) \div \left(\frac{2}{3} \times 15\right) = 8 \div 10$$
$$= 0.8 = \frac{8}{10} = \frac{4}{5}$$

四人の子どもが自分の考えを黒板に書きながら説明する。式の途中で約分する方法や書き方には，その子独自の表現方法が現れている。
〔第9分節―池野〕
〈考えた筋道を言葉で書く〉
　次に，黒板に書かれた方法を見比べながら，考えた筋道を言葉で表現する。その際，教師がまとめるのではなく，子どもたちの話し合いを通して，子どもの言葉でまとめていく。
　「四つの方法を言葉でいうとどんな言い方ができますか」
　①のM児の方法は次のように子どもが表現した。

> 分子どうし分母どうしでわる。

　②のA児の方法は，

> ひっくり返してかける。

である。
　③のK児の方法は「わり算のきまりを使って，両方に3をかける」である。
　④のY児の方法は「K児と同じで両方に15をかける」となる。
〈似ているものをくくる〉
　この「K児と同じ」という言葉から，③④の方法をくくることになる。板書では，色チョークを用いて似ている考えであることを示す。さらに，それを言葉でまとめる。

> 〈わり算のきまり〉
> 　わられる数とわる数に同じ数をかけても商は同じ。

〔第10分節―池野〕
〈対立点を明らかにする〉

授業の展開は，三つの考えの問題点や特徴を探る活動になる。

まず，それぞれの方法に対して質問が出る。質問から対立が生まれる。板書の上でもそれが分かるようにする。

「Mさんは，どうして分子どうし分母どうしをわったのですか」C児が①の方法の根拠を問う。

「わり算はかけ算の逆でできるから，分数のかけ算の時は，分子どうし分母どうしをかけたから，わり算では，分子どうし分母どうしをわればいいと思いました」

M児はこの方法を思いついた理由を説明する。①の方法は多くの子どもがノートに書いている。この方法は，授業の導入の仕方から子どもたちが自然に考えだせる方法である。

「Aくんに質問です。どうしてひっくり返してかけてもいいのですか」

②の方法のひっくり返してかけることの意味を問うW児の質問である。

「はじめに答えが $\frac{4}{5}$ と分かっているので，わる数をひっくり返してかけてみたら，答えがちょうど $\frac{4}{5}$ になったのでこの方法でもいいと思いました」

A児は答えから方法を導き出している。同じようにこの方法を考えたT児が，A児のアイディアを詳しく説明する。

「$\frac{2}{3}$ でわるということをもう少し詳しくみると，÷2と÷$\frac{1}{3}$ となる。÷2というのは，分数÷整数の時，分母にかけている。前は×$\frac{1}{3}$ は÷3と同じということをやったので，÷$\frac{1}{3}$ は×3と同じになると思うから，分子に3をかけるとひっくり返してかけることになる」

〈子どもの言葉は正確に書く〉

これらの話し合いでは，教師が板書することになる。その際，子どもの発言した内容をできるだけそのままの表現を用いて板書する。

M児の説明では，

> わり算はかけ算の逆でできるから。

という言葉を板書する。
　また，T児の説明ではポイントとなる言葉を式などで板書する。

$$\div \frac{2}{3} \longrightarrow \begin{array}{c} \div 2 \\ \div \frac{1}{3} \longrightarrow \times 3 \end{array} \longrightarrow \times \frac{3}{2}$$

　子どもの考えやアイディアはできるだけ子ども自身で黒板に書かせたい。しかし，話し合いが続いているときは，教師が板書する。その際，板書のために，子どもの発言を途中で止めたり，思考を妨げないように配慮する必要がある。

　第7分節から第10分節までの場面である。特に，第8，9，10分節の場面について考えてみたい。
　子どもの発表は，とかく表面に表れる計算の手順や操作の手順だけになりがちである。アイディアとしては，そのような手順よりは「何のために」そのような方法・手順をとったのかが重要なところである。ただ「両方に3をかけた，15をかけた」では，「何のために」3や15という数が出てきたのかが分からない。計算の仕方として他に応用のきく表現の仕方とは言いがたい。
　したがって，「何のために」そのような方法をとったのかという意図・着想を明確にしてやる支援としての発問がほしいところである。
　実践例では，第9，10分節で根拠について問いただす場面は見られる。しかし，その意図について明確にしている場面は見られない。特にK児，Y児の考えの意図についての検討が行われているところはまったく見られない。そこで

は，K児とY児の考えを同じ根拠のもとで共通なものとしてくくってしまっているのである。両者は，わり算に関するきまりとして同じものをこそ使ってはいるものの，その意図するところは異なるのである。

K児は除数を整数にするためにかけたのであり，Y児は両方の数（あるいは被除数）を整数にするために両方の分母の最小公倍数（あるいは被除数の分母）を分子にかけたのである。両者の方法の違いをもっと強調すべきである。

さらに，出されてきた四つの方法についても，ネーミングの場が望まれるところである。妥当性が確認された解法は，すべて一つのアイディアとしてたいせつにしたいものである。そのためには，アイディアの独自性や意図・操作の違いに着目したネーミングが重要である。単に，A児式，B児式では，アイディアとして残りにくく，次に生きることも少ない。アイディアなどに着目したネーミングをすることにより，妥当性の検討に続く有効性や卓越性の検討においても，それらの解法が生み出した個人を離れて全員の財産となり，アイディアどうしの比較・検討がしやすくなる。

また，A児の解法について，T児が詳しく説明する場面がある。

A児の解法は，次のとおりである。[14]

（A児） ②

$$\frac{8}{15} \div \frac{2}{3} = \frac{8}{15} \times \frac{3}{2} = \frac{\overset{4}{8} \times \overset{1}{3}}{\underset{5}{15} \times \underset{1}{2}} = \frac{4}{5}$$

その解法について，T児は，次のように説明する。[15]

「$\frac{2}{3}$でわるということをもう少し詳しくみると，÷2と÷$\frac{1}{3}$となる。÷2というのは，分数÷整数の時，分母にかけている。前は×$\frac{1}{3}$は÷3と同じということをやったので，÷$\frac{1}{3}$は×3と同じになると思うから，分

> 子に3をかけるとひっくり返してかけることになる」

　この発言を受けて，中村の，教師の支援活動としての板書は，次のとおりである。[16]

$$\div \frac{2}{3} \longrightarrow \begin{array}{c} \div 2 \\ \div \frac{1}{3} \longrightarrow \times 3 \end{array} \longrightarrow \times \frac{3}{2}$$

中村は，言う。[17]

> 　これらの話し合いでは，教師が板書することになる。その際，子どもの発言した内容をできるだけそのままの表現を用いて板書する。

また，こうも言う。[18]

> T児の説明ではポイントとなる言葉を式などで板書する。

　「÷2の2は分母にかけることになる」ということは，重要なポイントである。しかし，この部分に相当する板書事項は見られない。
　教師の支援活動として，T児の説明の板書事項の「÷2」の右に「$\overline{\rightarrow \times 2}$」のような書き込みを入れ，次のようにするとよい。

$$\div \frac{2}{3} \longrightarrow \begin{array}{c} \div 2 \longrightarrow \overline{\times 2} \\ \div \frac{1}{3} \longrightarrow \times 3 \end{array} \longrightarrow \times \frac{3}{2}$$

第1章　「分数のわり算」（6年）の教授学的検討

4　納得を得るための支援活動

　式だけの説明だと，数字の形式的な操作だけで説明がなされることとなり，多くの子どもが実感・納得をもって理解することとはなりにくい。複雑な場面でもあり，より納得のいく理解を得られるようにするためにも，できるだけ操作の見える図（本実践で言えば対応数直線）とつないで理解できるようにしたいものである。その他，面積図，テープ図なども考えられる。

　そのためには，支援活動として次のような対応数直線を提示し，その数直線を使って式の関係を説明させるようにするとよい。

```
┌─────────────────────────────┐
│  0                          │
│  ├──────────────→           │
│  ├──────────────→           │
│  0                          │
└─────────────────────────────┘
```

　等分除的除法の場合，既習事項に基づいて子どもたちが考えてくる解法の可能性として，例えば，次のようなものが考えられる。[19]

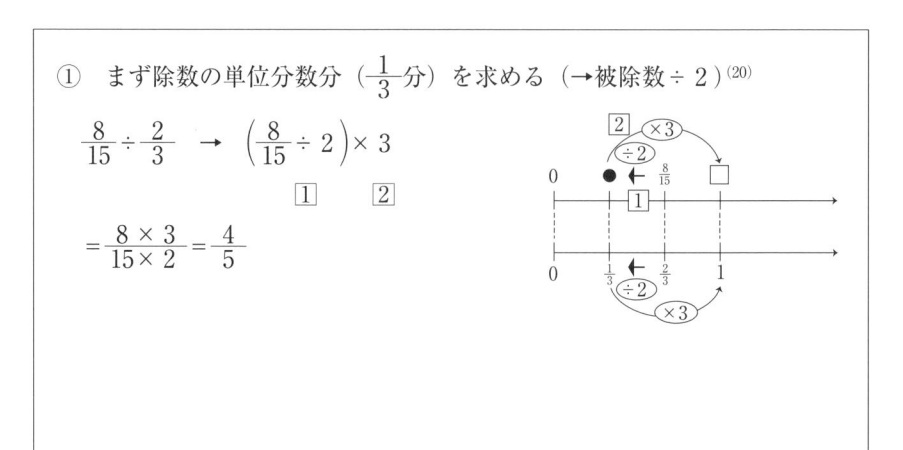

① まず除数の単位分数分（$\frac{1}{3}$分）を求める（→被除数÷2）[20]

$$\frac{8}{15} \div \frac{2}{3} \rightarrow \left(\frac{8}{15} \div 2\right) \times 3$$

$$= \frac{8 \times 3}{15 \times 2} = \frac{4}{5}$$

190　第Ⅲ部　授業の教授学的検討

② $\frac{2}{3}$ を2とする（→被除数×3）

$$\frac{8}{15} \div \frac{2}{3} \rightarrow \left(\frac{8}{15} \times 3\right) \div 2$$
                          ①   ②

$$= \frac{8 \times 3}{15 \times 2} = \frac{4}{5}$$

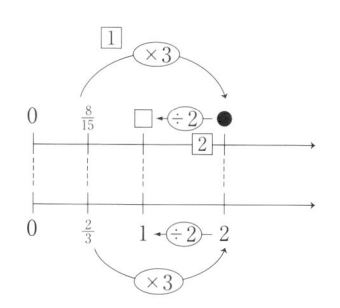

③ 除数の整数化（両数に×3）

$$\frac{8}{15} \div \frac{2}{3} = \frac{8 \times 3}{15} \div \frac{2 \times 3}{3}$$

$$= \frac{8 \times 3}{15} \div 2 = \frac{8 \times 3}{15 \times 2} = \frac{4}{5}$$

（数直線同上）

④ 除数の1化（両数に×$\frac{3}{2}$・除数の逆数）

$$\frac{8}{15} \div \frac{2}{3} = \left(\frac{8}{15} \times \frac{3}{2}\right) \div \left(\frac{2}{3} \times \frac{3}{2}\right)$$
                           ①   ①

$$= \frac{8 \times 3}{15 \times 2} \div 1 = \frac{4}{5}$$

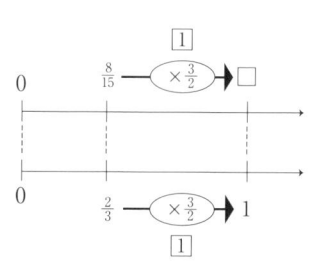

⑤ 被除数・除数の整数化（両数に×15・両分母の最小公倍数）[21]

$$\frac{8}{15} \div \frac{2}{3} = \left(\frac{8}{15} \times 15\right) \div \left(\frac{2}{3} \times 15\right)$$
                       ①   ①

$$= 8 \div 10 = \frac{4}{5}$$
       ②

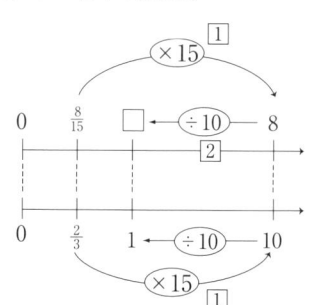

⑥ 同分母化（通分の考え・単位をそろえる）

㋐ $\dfrac{8}{15} \div \dfrac{2}{3} = \dfrac{8}{15} \div \left(\dfrac{2 \times 5}{3 \times 5}\right)$

　　$= \dfrac{8}{15} \div \dfrac{10}{15} = 8 \div 10 = \dfrac{4}{5}$

　　　　　　　　　　　1

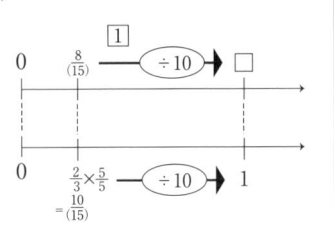

㋑ $\dfrac{8}{15} \div \dfrac{2}{3} = \left(\dfrac{8}{15} \times 5\right) \div \left(\dfrac{2}{3} \times 5\right)$

　　　　　　　　　　1　　　　　1

　　$= \dfrac{8}{3} \div \dfrac{10}{3} = 8 \div 10 = \dfrac{4}{5}$

　　　　　　　　　　　2

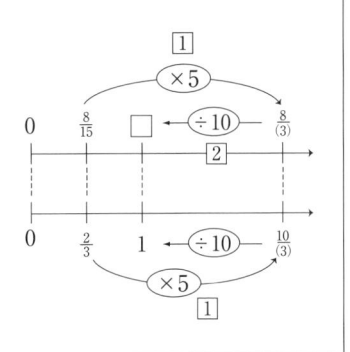

5　説明のつかない解法

本実践では，かなり重要な位置を占めているものに，M児の解法がある。次のものである。[22]

（M児）　　　　　　　　　　①

$\dfrac{8}{15} \div \dfrac{2}{3} = \dfrac{8 \div 2}{15 \div 3} = \dfrac{4}{5}$

授業の後半部分で，この解法についての有効性の検討が展開される。第11，12分節である。[23]

〔第11分節―池野〕

〈新しく生まれた問いを書く〉

それぞれの方法を検討する中で，新しい問いが生まれる。

E児の「①の方法は，いつでも使えない」という発言が生まれる。次のような問いを，①の方法の横に目だつように書く。

この方法はいつでも使えるのか。

「いつでも使える」という表現には，数値が変わっても使えるという意味がある。

E児は，具体的な問題を出す。

「$\frac{2}{4} \div \frac{3}{7}$ では，分子どうし分母どうしがわれないからこの方法は使えない」という。多くの子どもがこの意見に賛成する。

しかし，W児やN児が $\frac{2}{4} \div \frac{3}{7}$ でも①の方法はできると発言する。

「$\frac{2}{4}$ というのは $\frac{1}{2}$ と同じだから，そう考えると $\frac{2}{4}$ は $\frac{42}{84}$ と同じになる。これなら $\frac{3}{7}$ で割れる」

$\frac{2}{4} \div \frac{3}{7} = \frac{42}{84} \div \frac{3}{7} = \frac{42 \div 3}{84 \div 7} = \frac{14}{12} = 1\frac{1}{6}$

この発言に①の方法の有効性が分かる。しかし，同値分数をいちいち作るのが面倒であるということが分かる。

〔第12分節―池野〕

そこから，新しい問いが生まれる。

これらの方法が同じと見られないか。

〈お互いの考えを集約する〉

$\frac{2}{4} \div \frac{3}{7}$ の解決で用いた式をよく見ると同値分数を作るのに分子と分母の両方とも21倍していることが分かる。この21倍をもう少し詳しく見る。

$$\frac{2}{4} \div \frac{3}{7} = \frac{2 \times 21}{4 \times 21} \div \frac{3}{7} = \frac{2 \times 3 \times 7}{4 \times 3 \times 7} \div \frac{3}{7}$$
$$= \frac{2 \times 3 \times 7 \div 3}{4 \times 3 \times 7 \div 7} = \frac{2 \times 7}{4 \times 3} = \frac{2}{4} \times \frac{7}{3}$$

「分子どうし分母どうしでわる」という方法は「ひっくり返してかける」方法と同じであることが分かる。

このことは，黒板に式を書くことによって明らかになる。子どもだけで導くのが難しい場合は，教師が見せていくことも大切である。

更に「わり算のきまり」を用いた方法も「ひっくり返してかける」方法と同じになるかを検討する。

$$\frac{8}{15} \div \frac{2}{3} = \left(\frac{8}{15} \times 3\right) \div \left(\frac{2}{3} \times 3\right)$$
$$= \frac{8}{15} \times 3 \div 2 = \frac{8}{15} \times \frac{3}{2}$$

このように板書構成を工夫することによって，分数のわり算の計算の仕方を子どもがつくり出すことを支援することができる。

M児の解法に関して，分母どうし分子どうしが単純に割り切れない場合についても，次のような操作によって割り切れるように変形している。[24]

$$\frac{2}{4} \div \frac{3}{7} = \frac{42}{84} \div \frac{3}{7} = \frac{42 \div 3}{84 \div 7} = \frac{14}{12} = 1\frac{1}{6}$$

$$\frac{2}{4} \div \frac{3}{7} = \frac{2 \times 21}{4 \times 21} \div \frac{3}{7} = \frac{2 \times 3 \times 7}{4 \times 3 \times 7} \div \frac{3}{7}$$
$$= \frac{2 \times 3 \times 7 \div 3}{4 \times 3 \times 7 \div 7} = \frac{2 \times 7}{4 \times 3} = \frac{2}{4} \times \frac{7}{3}$$

前者がW児やN児によるものであり，後者が教師によるものである。後者により，M児の方法に合う，被除数の同値分数の作り方が分かる。除数の分母と分子の二数の最小公倍数を被除数の分母，分子それぞれにかけるものである。

しかしながら，この方法は，等分除的除法の数直線では説明できないものである。

等分除的除法の数直線で考えさせておきながら，その数直線では説明できない，包含除的除法の解法が入り込んでいるのである。

M児のものを変形すると，次のようになる。

$$\frac{8}{15} \div \frac{2}{3} = \frac{4 \times 2}{5 \times 3} \div \frac{2}{3} = \frac{4}{5}$$

$$\frac{8}{15} \div \frac{2}{3} = \frac{4 \times 2}{5 \times 3} \div \frac{2}{3} = \left(\frac{4}{5} \times \frac{2}{3}\right) \div \frac{2}{3} = \frac{4}{5}$$

対応数直線で表すと，次のようになる。

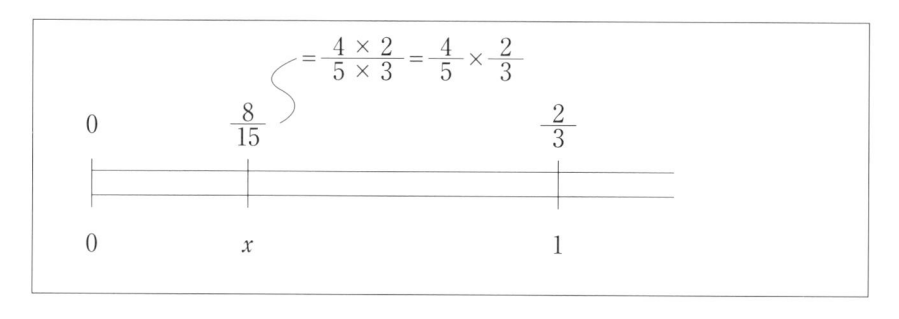

$$= \frac{4 \times 2}{5 \times 3} = \frac{4}{5} \times \frac{2}{3}$$

```
0        8/15                    2/3
├─────────┼──────────────────────┼─────
0         x                      1
```

$\frac{2}{3}$ を基準量とみると，その $\frac{4}{5}$ 倍であることが分かる。

包含除的除法の場合，同分母化（通分）の考えで出す方法もある。

```
                              = 2×5/3×5 = 10/15
0           8/15              2/3
|------------|------------------|------------
0            x                  1
```

$$\frac{8}{15} \div \frac{2}{3} = \frac{8}{15} \div \left(\frac{2\times5}{3\times5}\right) = \frac{8}{15} \div \frac{10}{15} = 8 \div 10 = \frac{4}{5}$$

単位分数 $\frac{1}{15}$ をもとにすると，$8 \div 10$ として計算することができる。

計算式だけを見ると，等分除的除法の4⑥の⑦と同じになる。

両方の分母をかけて通分する方法でやると，次のようになり，「×逆数」の関係が見える形に変形できる。

```
        = 8×3/45        = 2×15/45
0         8/15           2/3
|----------|--------------|----------
0          x              1
```

$$\frac{8}{15} \div \frac{2}{3} = \frac{8\times3}{15\times3} \div \frac{2\times15}{3\times15} = \frac{8\times3}{45} \div \frac{2\times15}{45}$$

$$= \left(\frac{1}{45} \times 8 \times 3\right) \div \left(\frac{1}{45} \times 2 \times 15\right)$$

$$= \frac{\frac{1}{45} \times 8 \times 3}{\frac{1}{45} \times 2 \times 15} = \frac{8\times3}{2\times15} = \frac{8\times3}{15\times2} = \frac{8}{15} \times \frac{3}{2}$$

以上，6年「分数のわり算」について，既習事項を用いて，計算の仕方を子どもたちに創らせようとした実践を取り上げ，さらによりよい指導のあり方を求めて検討してきた。

　ここから明らかになったことは次のとおりである。

① 「÷分数」の学習では，その計算の仕方を考えさせるより前に分数でわることの意味を理解させることが重要である。この指導により，これまでのわり算の意味を拡張させて捉えること（等分除，包含除の拡張的場面の理解）ができるようになる。意味を理解させることにより，納得のいく計算方法を考え出させる糸口を与えることができる。意味理解のためのていねいな指導が望まれる。

② 対応数直線をうまく扱うことにより，その数直線からも，分数のわり算が除数をひっくり返した逆数のかけ算になることを理解させることができる。

③ 個々の解法の根拠を確認するだけではなく，何のためにそれぞれの解法なのかという意図やアイディアを問いただし，確認し合うことが重要である。また，意図やアイディアに着目したネーミングの活動を取り入れることにより，個々の解法が学級全体の共有財産となり，それ以後の学習においても生きて働くものとなる。

④ 数式だけの形式的な操作の説明だけでは逆数をかけることの意味・根拠は理解させがたい。より実感・納得のいく理解を図るためには，できるだけ操作の見える図（対応数直線や面積図，テープ図など）とつないで理解できるようにするとよい。そのための，教師による支援活動は重要である。

⑤ 数式の操作のみに偏ると，解法の説明と場面（等分除的除法場面，包含除的除法場面）とが一致しなくなる場合があり，注意を要する。

【註】
（1）　中村享史「支援を軸に算数の板書構成をこう変える」，『授業研究21』No.420，明治図書，1994年11月，pp.26-29。この実践記録では，6年の分数のわり算の

導入の授業の実際が板書構成を中心にして記述されている。
（2） 同，p.26。
（3） 同，p.27。
　　　第1分節は，次のようになっている。（同，pp.26-27）

> 〈授業の回数を書く〉
> 　板書は，授業の回数を書くことから始まる。「第22回」これは，分数のわり算の回数である。
> 　授業の回数は，子どもが既習のアイディアを用いるときに役に立つ。
> 　「第18回でのWくんの考え方を使った」というように既習の考えが授業の回数を挙げることによって共通なものとなる。

（4） 同，p.27。
（5） この意味指導に二時間をかけている実践例に，小西繁「分数の除法の意味」，新算数教育研究会編『算数授業の新展開講座・第6学年の指導』，東洋館出版社，1990年，pp.41-50がある。
（6） 5年の「÷小数のわり算」の導入を，各社教科書（1994年度使用）で見ると，次のとおりである。どの教科書にあっても，「整数÷小数」からの導入となっており，そこで使われている数値の大きさは「被除数＞除数」の関係になっている。また，1社（純小数）を除いて除数はすべて帯小数になっている。

教科書	導入の型	導入の式	被除数・除数の関係	導入の場面
大日本図書	整数÷小数	800÷1.6	被除数＞除数	等分除的場面
啓　林　館	整数÷小数	6÷1.2	被除数＞除数	包含除的場面
東京書籍	整数÷小数	420÷2.8	被除数＞除数	等分除的場面
学校図書	整数÷小数	6÷1.2	被除数＞除数	包含除的場面
教育出版	整数÷小数	630÷4.2	被除数＞除数	等分除的場面
大阪書籍	整数÷小数	2÷0.4	被除数＞除数	包含除的場面

（7） この意味では，帯分数でもよいわけであるが，帯分数の場合には，数構造の異なる，整数と分数の複合形という問題があり，より複雑になってしまう。
（8） 中村，前掲論文，p.27。

（9） 同上。
（10） 同，p.28。
（11） 同上。
（12） 同，p.27。
（13） 同，pp.27-29。
（14） 同，p.27。
（15） 同，p.28。
（16） 同，p.29。
（17） 同，pp.28-29。
（18） 同，p.29。
（19） ちなみに，1994年度使用の教科書での取り扱いは次のようになっている。

教科書＼分析項目	「整数÷分数」は「分数÷分数」より前か後か（※）	「整数÷分数」の計算の仕方はどう説明しているか	「分数÷分数」の計算式としての最初の式	「分数÷分数」の計算の仕方はどの方法か	除数の1化・④の方法と逆数との関連的な扱い
大日本図書	前（導入で） $5 \div \frac{1}{3}$	分母をそろえ，単位分数をもとにして，「整数÷整数」で計算（包含除的なテープ図を併用）	$\frac{3}{5} \div \frac{4}{7}$	①	なし
啓林館	後 $4 \div \frac{2}{3}$		$\frac{3}{5} \div \frac{1}{3}$	面積図〔①的〕	なし
東京書籍	後 $5 \div \frac{2}{3}$		$\frac{2}{5} \div \frac{3}{4}$	面積図・①併用	あり ＊コラム欄
学校図書	後 $4 \div \frac{11}{3}$ $4 \div \frac{2}{3}$		$\frac{2}{5} \div \frac{3}{4}$	面積図・①併用	あり

第1章 「分数のわり算」（6年）の教授学的検討

教育出版	前(導入で) $7 \div \dfrac{2}{3}$	対応数直線・①併用		$\dfrac{2}{5} \div \dfrac{3}{4}$	①・対応数直線併用	な　し
	後 $2 \div \dfrac{3}{7}$					
大阪書籍	後 $2 \div \dfrac{3}{4}$			$\dfrac{3}{8} \div \dfrac{2}{5}$	面積図・①併用	な　し

（※「整数÷分数」の指導が後に位置づけられているのは，整数部分を分数化し，「分数÷分数」の計算方法に統合化することを指導のねらいとしている場合である。）

「分数÷分数」の計算の仕方の説明には，各社教科書とも，①の，除数の単位分数分から求める方法を採用している。面積図と併用のものが3社，対応数直線と併用のものが1社，式の提示のみ（言葉での説明あり）が1社，面積図中心のもの（分数÷除数分子×除数分母の記述はない）が1社となっている。

また，④の，除数の1化の方法との関連で逆数の概念を導入しているものは2社の教科書のみである。それ以外の教科書では，「被除数÷除数＝被除数×除数の逆数」の関係のみの取り扱いとなっており，なぜ逆数なのかが見える形になってはいない。

(20) 面積図を利用しての説明では，次のようになる。
（「$\dfrac{2}{5}$ ㎡ ÷ $\dfrac{3}{4}$ dℓ」〈ペンキぬり〉の場合）

$\left[\left(\dfrac{2}{5} \div 3 \right) \times 4 \right]$

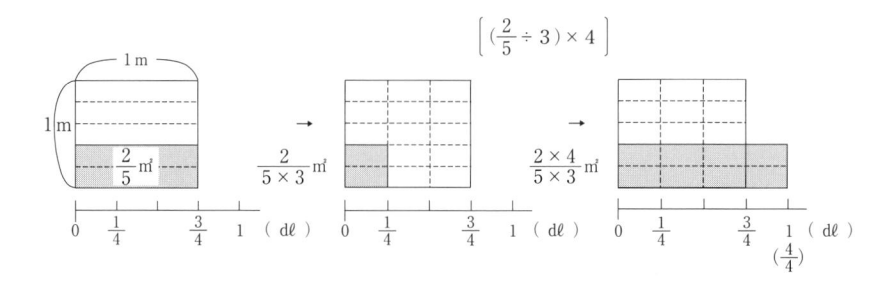

（図：面積図による説明。左から「$\dfrac{2}{5}$ ㎡」，「$\dfrac{2}{5 \times 3}$ ㎡」，「$\dfrac{2 \times 4}{5 \times 3}$ ㎡」）

(21) 被除数の分母分（この場合は，15）を両数にかけて，それでも除数が整数化

しない場合には，除数の分母分を両数にかけるという方法も，この方法に属する。
(22) 前掲論文，p.27。
(23) 同，p.29。
(24) 同上。

第2章 「計算の意味」理解を どう指導するか

1 計算の意味とは

ここで,「計算の意味」理解の指導についてまとめておく。

「数と計算」領域の「計算」の指導に関しては,次のことが重要な柱である。

> ① 整数,小数,分数の加減乗除の意味について理解することができる。
> ② それらの計算の仕方を考えることができる。
> ③ 様々な場で正しく立式し,計算することができる。

計算の意味は,上記の①に該当する。③はその応用・習熟である。

計算の意味理解は,計算の学習における基本中の基本である。どのような場合に四則計算のどれを使えばよいのかが分からなければ,演算決定のしようがないのである。計算の意味が分からずして,問題解決はあり得ない。

したがって,小学校では四則計算のそれぞれの意味を分からせ,現実にその計算式になる場面が存在することを認識させることが重要である。②の計算の仕方も,この意味に基づいて見出されるものである。

四則計算のそれぞれの意味および使われる場をまとめると,だいたい次のようになる。

> 1 たし算の意味理解

・合併〈同時的〉
・増加（追加，添加）〈継時的〉
・順序数による加法，求大
・減法の逆としての加法
2　ひき算の意味理解
・求残（減少，除去）〈継時的〉
・求差（比較）〈同時的〉
・順序数による減法，求補
・加法の逆としての減法
3　かけ算の意味理解
・(一つ分)×(幾つ分)＝(全体の大きさ)
・倍概念（一つ分の大きさとその幾つ分または何倍かにより，全体の大きさを求める場合）
・同数累加（加法の繰り返し）
・意味の拡張：(基準の大きさ)×(割合)＝(割合に当たる大きさ)
・被乗数と積の関係の拡張（積＞被乗数とは限らない）
4　わり算の意味理解
・等分除（等しく分けたときの一つ分の大きさをもとめる場合，□×▲＝●）
・包含除（累減をしたときに幾つ分になるかを求める場合，同数累減，▲×□＝●）
・意味の拡張：あまりのあるわり算（あまり０の場合を含み，統合）
・意味の拡張：割合を求める場合と基準の大きさを求める場合（２種類）

　それぞれの意味は，できるだけ具体的な操作と対応させて，理解させたいものである。具体的な場面で，具体物を用いて，合わせたり，引いたり，分けた

りする活動を通して，計算の意味を操作的・体験的に理解させるのである。

　意味の拡張の場面では，「これまでの数範囲のなかでの計算が使えるであろうか」という問題意識を大事にし，それまでのものをも包み込みながらまとめていけるようにしたいものである。例えば，「×小数」や「÷小数」の場合の問題意識は，「乗除数が小数や分数になった場合にも，これまでのかけ算やわり算が使えるのであろうか」となる。

　意味の拡張のたびに，ギャップをうめるべく認識の枠組みが一段階上に上がり，それまでのものを含めて，統合的に扱えるようになるのである。認識のパラダイム変換とも言えることが，形を変えて繰り返し体験されることとなる。系統立ったきれいなスパイラル構造を理解・体験させることにもなるのである。

2　意味理解に基づいた演算決定のたいせつさ

　今や，時代は高度情報化の時代である。コンピュータやインターネットの時代であり，大部分のことはコンピュータに任せることが可能である。コンピュータはインターネットでの瞬時の情報検索・収集や相互通信などには欠かせない道具となっている。

　コンピュータを駆使すれば，「書くこと」や「計算すること」それ自体は手軽なものとなった。「話したいこと，言いたいこと，表現したいこと」（コンテンツ）さえしっかりしていれば，少しくらい字を間違えても伝わるのであり，コンピュータに任せれば，その間違いさえも指摘してくれるのである。

　また，計算に関しても同様で，コンピュータや電卓のデジタル機器を使うことができれば，計算自体はいとも簡単にできるのである。コンピュータを使えば，表計算やグラフづくりまでもが，瞬時にできる時代である。

　そうなると，計算に関わる問題解決にあたっては，演算決定が決定的に重要な意味をもってくる。演算の決定は，人間の判断によるものである。計算式さえできていれば，計算そのものは技術的な処理によって瞬時にできてしまうのである。

したがって，人間の方には，計算を命じるために計算式を立てる演算決定の能力が要求される。

また，さらに言うならば，人間には，その計算の結果が間違っていないかどうかをチェックし，判断する能力も求められる。入力ミスや計算ミスはつきものでもあり，それによりとんでもない数値が飛び出してくることもあるからである。

演算決定の学習は，数学的な考え方を鍛える上でもたいせつなものである。数学的な考え方は，知識・理解の発見・吟味（獲得）の過程，すなわち算数を創る過程で発動される考え方である。計算の意味理解においては，特に類推的な考え方（類比的推論，形式不易の考え）や演繹的な考え方，拡張的な考え方，一般化の考え方，発展的な考え方，単純化（簡単化）の考え方，単位の考えなどが，しばしば発動される。

3　計算の意味理解とは

計算の意味が理解できたということは，次のようなことができることである。

---
① 四則計算について，それぞれの意味及び使われる場が分かる。
② 問題場面を解決するために，根拠をもって正しく演算決定ができる。
③ 演算決定の適否を判断し，説明できる。
④ 演算式から，日常事象における具体的な場面を想起することができる。

ある問題場面で，たすのか，ひくのか，かけるのか，わるのかの判断ができなければ，立式のしようがないのである。根拠をもって演算決定できる力が重要である。

①は，1で述べた通りである。②，③に関しては，次の4で述べる。④に関しては，5で述べる。

演算の決定や立式をする際に，子どもたちに目をつけさせたい点は，次のも

のである。

> ① 問題の構造はどうなっているか（何が分かり，何を求めるべきか）
> ② どんな計算になるか（加法か減法か乗法か除法か）
> ③ どんな数か（小数や分数でも，この計算は使えるのだろうか）
> ④ 何桁であるか（小数点以下も含む）
> ⑤ 同種の量か異種の量か（これで計算は可能なのか）
> ⑥ 連続量か分離量か

　これらに着目して演算決定できるような問題設定にしたいものである。特に，①から⑤は，演算決定で最低限考慮すべきことである。

　⑤の同種の量かどうかを見極めることは，演算決定には重要である。それぞれの演算の適否も，このことに左右されるのである。加減は同種の量同士の演算であり，乗法は原則として異種の量同士の演算である。面積や体積の場合は，量の積として特殊である。また，アレイ図の場合も，（1つ分としての個数）×（固まりとしての列）で，厳密には異種の量である。除法の場合は，乗法における被乗数を求める場合（異種の量）と乗数を求める場合（同種の量）があり，両方の場合がある。

　⑥に関しては，指導としては，子どもたちに両方の場合に使えることを認識させる必要がある。実際には，演算決定の際に，あまり考慮することはない。しかし，指導者としては，子どもたちに分かりやすく捉えさせるために，どちらから入るべきか等について考えておく必要がある。

　例えば，かけ算の意味について理解させようとするとき，①と⑥にかかわって，教師は，次のようなことを考えておく必要がある。

> ア　同数累加の見方と倍概念の捉え方，どちらの考えから入っていったらよいだろうか。

> イ 分離量と連続量，どちらの素材から入ったらよいだろうか。

　アについては，両者の長短から検討することになろう。これらの長短を理解した上で，どちらを選択していくかを考える。
　同数累加の考えからかけ算を導入したというだけでは，かけ算という演算の導入の積極的な意義が薄れる。乗法とは，もともとある量を基準として全体の量を測り，基準とする量とその測った数から全体の量を求める演算である。この意味から，全体の量を知るにはまず最初に，基準とする量を明確にし，その基準とする大きさがいくつ分あるかをおさえるようにしていかなければならない。このところを印象づける必要がある。したがって，倍概念の方を中心に据えながら，同数累加のよさも取り入れる両者統合の道をめざすなどが考えられる。
　イについては，共に豊富な経験を得させることを前提にしながらも，アについての考え方を生かし，「基準の大きさ」が「幾つ分」あるのかということが捉えやすいということから，直観的に「1当たりの量」をつかむことのできやすい分離量的扱いから入っていくなどが考えられる。

4　数直線と型で構造を捉えさせる

　演算決定の根拠はいろいろ考えられるが，なかでも数直線は効果的である。
　1本の数直線だけではなく，2本の数直線（対応数直線）を使うことも有効である。基準の大きさと割合に当たる大きさを上部に，そして，それらと対応させて1と割合を下部に書くことにより，数量の関係がより明確におさえやすくなる。
　特に，小数，分数の乗除は，対応数直線を使うことにより視覚的に示すことができる。
　また，その際，乗法を基本にして，次のように，型でおさえることもできる。
・N　型（乗数が1より大きい場合）

・逆N型（乗数が1より小さい純小数，真分数の場合）
・除法は，乗法の式を基に考えると，2種類あることが分かる

〔乗法〕

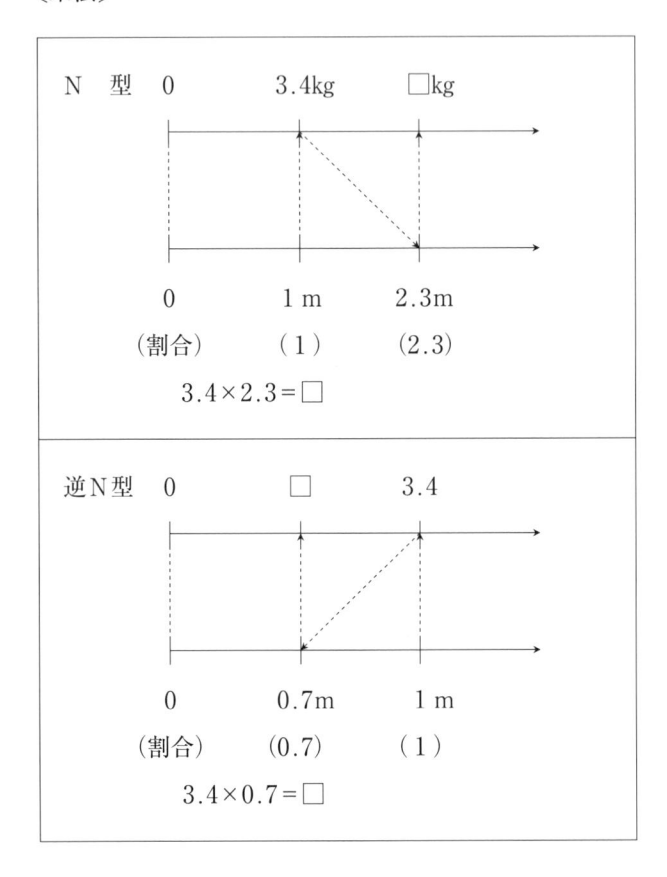

```
N型    0       3.4kg    □kg

       0       1 m      2.3m
      （割合）  （1）    （2.3）
       3.4×2.3=□
```

```
逆N型  0       □        3.4

       0       0.7m     1 m
      （割合） （0.7）  （1）
       3.4×0.7=□
```

〔除法〕

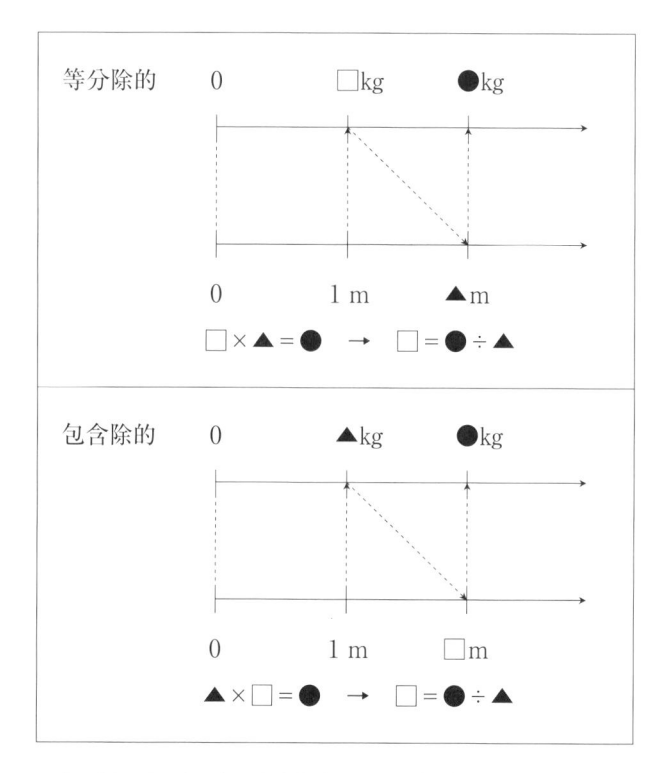

```
等分除的   0        □kg    ●kg
          |---|----|----|--->
              |    ↘
          |---|----|----|--->
          0   1 m   ▲m

          □ × ▲ = ●   →   □ = ● ÷ ▲


包含除的   0        ▲kg    ●kg
          |---|----|----|--->
              |    ↘
          |---|----|----|--->
          0   1 m   □m

          ▲ × □ = ●   →   □ = ● ÷ ▲
```

　しばしばことばの式を根拠にする場合もあるが，乗数や除数が小数や分数になった場合には，それで類推（単純類推）するだけではなく，ほんとうにこの場合にも，これまでの乗法や除法が使えるのかどうかということを数直線とタイアップさせて捉えるようにしたいものである。

5　具体的場面の想起から

　桁数が増えるなどの場合には，計算式から新しい種類の計算式（桁数増加）へと発展的に目を向けさせるようにしたいものである。このことにより，新しい内容を系統的に捉えさせることがスムーズに展開できる。その内容の，学習上の位置づけも明確になる。その新しい種類の計算式から（実際には，一つの

具体的な計算式からではあるが），現実場面を想起させることは子どもにとってそんなに難しいことではない。

　計算の意味理解というと，文章題からスタートし，演算決定するものと考えがちであるが，いつもいつもそうする必要はない。この種の発展の場合，文章題からの演算決定は容易であり，むしろ，計算式から具体的な問題場面を想起させる方が生産的である。

　また，このやり方によって，新しい計算における一般・本質としてのまとめ上げ（一般解）へとつなげることが容易になる。文章題からの場合には，その具体的な場面だけが問題とされやすく，個別・特殊なまとめ上げから一般・本質へのまとめ上げへとスムーズに結びつけることができにくい面がある。

　導入の仕方としては，だいたい次のものが考えられる。

① 既習事項と未習事項（本習事項）との混合提示から
② 既習事項から新しい計算式を創り上げる方法から
③ 既習の計算と未習の計算とを整理する活動から（二次元表による学習の振り返り）

　新しい，未習の計算式のグループについて，それにかかわる具体的な場面を想起させるところから意味理解の学習を始めるのである。

　分数の乗除でも，小数の乗除の経験を基にすれば，可能である。

〔著者紹介〕

池野　正晴（いけの　まさはる）

新潟県生まれ
東北大学大学院教育学研究科博士課程前期課程修了
経歴：国公立学校教諭
　　　高崎経済大学経済学部教授
　　　高崎経済大学大学院経済学研究科教授
　　　高崎経済大学附属高等学校校長（兼務）
　　　群馬大学大学院教育学研究科等兼任講師等
現在：和光大学現代人間学部教授
　　　高崎経済大学名誉教授
著書：『自ら考えみんなで創り上げる算数学習―新しい時代の授業づくりと授業研究―』，東洋館出版社，2000年・2013年（改訂版）
　　　『新しい時代の授業づくり』，東洋館出版社，2009年
　　　『豊かな発想をはぐくむ新しい算数学習― Do Math の指導―』（共編著），東洋館出版社，2010年
　　　『算数科深い学びを実現させる理論と実践』（共編著），東洋館出版社，2017年
　　　他，多数

新しい時代の授業づくり

2009年（平成21年）5月15日　初版
2023年（令和5年）3月31日　8版

［検印廃止］

著　者　池野正晴
発行者　錦織圭之介
発行所　株式会社 東洋館出版社
　　　　〒101-0054　東京都千代田区神田錦町2丁目9番地1号
　　　　　　　　　　　　　　　コンフォール安田ビル2階
　　　　代　表 TEL：03-6778-4343／FAX：03-5281-8091
　　　　営業部 TEL：03-6778-7278／FAX：03-5281-8092
　　　　https://www.toyokan.co.jp/　振替 00180-7-96823

印刷・製本　藤原印刷

ISBN978-4-491-02471-4　　Printed in Japan